빛의 자녀들과 어둠의 자녀들
The Children of Light and The Children of Darkness

"이 세상의 자녀들이 자기네끼리 거래하는 데는
빛의 자녀들보다 더 슬기롭다."
(눅 16:8, 새번역)

빛의 자녀들과 어둠의 자녀들

- 민주주의 옹호와 민주주의의 전통적인 방어에 대한 비판 -

라인홀드 니버 지음

오성현 옮김

나의 친구이자 동료이며 총장인
헨리 슬로언 코핀(Henry Sloane Coffin)에게

2판 서문

현대 역사의 흐름은 너무나 빨라서, 15년 전 1판으로 출판했던 이 정치 철학서에서 언급했던 내용들을 앞지르거나 진부하고 쓸모없게 만드는 사건들이 일어났다. 하지만 나는 그런 사건들이 이 책의 중심 주장을 반박한 것은 아니라고 생각한다. 그 중심 주장은 다음과 같다. 인간의 본성에 관해 지나치게 비관적인 관점이나 지나치게 낙관적인 관점을 조장하지 않는 문화적 · 종교적 · 도덕적 분위기에서 자유로운 사회가 가장 잘 번성한다. 정치에서 도덕적 감상주의나 도덕적 비관주의는 전체주의적 정권을 조장한다. 전자는 정부의 권력을 점검할 필요가 없다는 의견을 부추기기 때문이며, 후자는 갈등과 경쟁을 부추기는 이해관계들이 만들어내는 무정부 상태를 제지할 수 있는 것은 오직 절대적인 정치적 권위라고 믿기 때문이다.

그렇지만 내가 15년 전에 언급했던 한시적이고 시대에 뒤떨어진 판단들은 분명 개정이 필요하다. 예를 들어서 중국은 거대한 권력의 "가능태"가 아니라 현실태이다. 미국은 고립주의와 책임주의 사이에서 동요하지 않는다. 제2차 세계대전 후에 미국이 얻게 된 확고한 힘은 고립주의를 향하는 우리의 충동에 종결을 고했다. 우리 미국은 이제 비(非)공산권 세계에서 거대한 패권국이다. 우리의 과제는 권력에 수반되는 책임을 수행하는 것이다. 이때 우리는 건국시절부터 국가적 삶을 특징지어 왔던 도덕적 감상주의나 도덕적 가식에서 벗어나야 한다. 우리는 책임을 받아들였다. 하지만 여전히 우리의 권력이 특별히 고결한 국가에 의해서 행사되고 있는 것처럼 가식적으로 굴려는 경향이 있다. 우리의 도덕적 특별함은 우리의 우방이나 적으로부터 의심을 받고 있다. 모든 역사적 덕행(德行)들과 성과들은 우리가 믿고 싶어 하는 것과 달리 애매모호하며 단편적이다.

나는 이 책의 마지막 장에서 다룬 세계 공동체의 통합에 관한 기본적 가정을 바꾸지 않을 것이다. 일부 중요한 문제들과 관련해서 공산주의자들과 합의점에 도달하는데 실패했다는 점은 한 공동체에서 경합하는 이익들을 합리적으로 조절하는 것이 이상주의자들이 일관되게 가정해왔던 것보다 훨씬 더 어렵다는 것을 증명한다. 그런데 우리는 그 사이에 한편으로는 "냉전"에 의해서, 다른 한편으로는 핵전쟁 의존의 절대적 불가능성에 의해서 열린 새로운 역사적 시점에 살고 있다. 따라서 이와 같이 전적으로 예상하지 못했던 차원의 문제들을 고려하지 않고서 마지막 장에서 말했던 것은 모두 시대에 뒤떨어진 것이다. 우리는 이제 단호한 적(敵)과 더불어 무난하게 공존하는 방법을 찾아야 한다는 것을 알고 있다. 그렇지 않다면 우리는 공멸할 것이기 때문이다. 솔직히 고백컨대 나는 실전(實戰)은 예방하겠지만 세계 공동체로 향하는 길은 어렵게 만드는 핵(核) 교착상태에 내재된 창조적인 가능성과 파괴적인 가능성을 예측할 만큼 충분한 선견지명을 15년 전엔 갖추지 못했었다. 만약 우리가 재앙을 피할 수 있다면, 그것은 오로지 현재의 국제적 긴장이 만들어낸 깊은 골을 넘어 천천히 성장하고 있는 공동체의 단초들과 상호신뢰에 의해서 가능할 것이다.

1959년 10월

라인홀드 니버

1판 서문

이 책의 핵심 내용은 1944년 1월 캘리포니아 팰로 앨토(Palo Alto)에 있는 릴랜드 스탠포드대학(Leland Stanford University)에서 행한 레이먼드 웨스트 기념재단(Raymond W. West Memorial Foundation)의 강연 시리즈에서 발표되었다. 강연의 발표 이후 출판을 위해서 준비하면서 그 내용은 상당히 확장되었다.

'불멸, 인간의 행위, 인간의 운명'에 관한 레이몬드 웨스트 기념강연은 릴랜드 스탠포드대학에서 1910년에 시애틀 출신의 프리드릭 웨스트(Frederick W. West) 부부에 의해서 설립되었다. 이 강연은 1906년에 동(同) 대학을 다녔지만 과정을 끝내지 못하고 죽은 아들을 기념해서 그 부부가 만든 강연이다. 나는 재단의 15번째 강연자였다.

나는 스탠포드대학의 교수들과 학생들에게 감사를 표하고 싶다. 그들이 강연의 주제에 대해서, 그리고 나의 주제 발표를 들을 때 보였던 공감적 이해에 대해서 감사를 표한다. 특별히 역사학과의 학과장 에드가 로빈슨(Edgar E. Robinson) 교수와 그의 부인 그리고 교목인 엘턴 트루블라드(D. Elton Trueblood) 교수와 그의 부인이, 내가 스탠포드에 머무는 동안에 베풀어준 극진한 친절에 대해서 감사를 드린다.

이 책의 논지는 다음과 같은 나의 확신으로부터 나왔다. 근대의 역사에서 민주주의와 연관된 자유주의 문화가 민주주의에 제공하는 것보다 더욱 확고한 정당성을 민주주의는 갖고 있으며, 자유주의 문화가 제공하는 것보다 더욱 현실적인 지지를 민주주의는 요구한다. 민주주의 신조는 인간의 본성과 역사에 대해 지나치게 낙관적인 평가와 역사적으로 결부되어 있는데, 이런 낙관적인 평가는 민주주의 사회에 대한 위험의 원천이다. 오늘날의 상황은 이런 낙관주의를 반박하고 있으며, 민주주의 이상(理想)마저 부정될 수도 있는 위험성도 안고 있기 때문이다.

자유로운 사회는 다음과 같은 확신을 어느 정도 요구한다. 사람들은 자신들의 경쟁적인 이익들 사이에 잠재적이며 무난한 조절의 상태에 도달할 수 있는 능력을 가지고 있으며, 모든 당파적 이해관계들을 초월하는 정의(正義)에 대한 통념에 도달할 수 있는 능력을 가지고 있다. 정의를 향한 인간의 합리적 능력에 대한 철저한 비관주의는 언제나 절대주의적인 정치이론들에 도달한다. 왜냐하면 그 정치이론들은 오로지 압도적인 권력만이 한 공동체의 다양한 활력들이 조화롭게 활동할 수 있도록 강요할 수 있다는 확신을 불러일으키기 때문이다. 하지만 인간은 자신의 동료들에게 정의를 베풀 능력을 가지고 있으며, 그렇게 할 경향성을 가지고 있다는 점에 대한 철저한 낙관주의도 모든 사회가 - 자유로운 사회마저도 - 끊임없이 직면하는 혼란의 위험을 알아차리지 못하게 만든다. 어떤 의미에선 민주주의 사회야말로 혼란의 위험들에 특별히 노출되어 있다고 말할 수 있다. 만약 이런 위험이 제대로 인식되지 않는다면 이 위험은 자유로운 사회를 삼키고 독재라는 악(惡)을 탄생시킬 수도 있다.

하지만 현대 민주주의는 좀 더 현실적인 철학적 · 종교적 기반을 필요로 한다. 그것은 단지 현대 민주주의에게 노출된 위험을 예측하고 이해하기 위함만이 아니라, 현대 민주주의에 좀 더 설득력을 갖춘 정당화를 제공하기 위함이기도 하다. 정의를 향한 인간의 능력이 민주주의를 가능하게 만든다. 하지만 부정의(不正義)를 향하는 인간의 경향성은 민주주의를 필수적인 것으로 만든다. 모든 비(非)민주주의적 정치이론들에서는 국가나 통치자가 공동체의 질서와 통일을 성취한다는 명목 하에 규제되지 않는 권력을 부여받는다. 그러나 이런 정책을 조장하고 정당화하는 비관주의는 일관성을 띨 수 없다. 그 비관주의가 통치자에게도 당연히 적용되어야 함에도 불구하고 실제로는 그렇지 않기 때문이다. 만약 사람들이 자신의 동료들을 부당하게 다루는 경향이 있다고 한다면 권력의 소유는 이런 경향성을 더욱 악화시킨다. 이것이 바로 무책임하고 통제되지 않는 권력이 부정의(不正義)의 가장 큰 원천이 되는 이유이다.

자유로운 사회의 민주주의적 기법들은 통치자와 행정부의 권력을 견제하며, 그렇게 해서 그 권력이 성가시게 되는 것을 막는다. 규제되지 않는 권력의 위험성은 민주주의 사회의 덕목들을 끊임없이 상기시킨다. 특히 한 사회가 자유의 위험성에 대해 조바심을 내는 경향을 띠고, 자유를 포기하는 대신 강압에 의한 통일성의 이점을 택하도록 유혹을 받게 될 때 더욱 그렇다.

우리의 자유주의 문화가 주장하는 철저한 낙관주의는 현대의 민주주의 사회들이 자유의 위험성을 정확하게 파악하지 못하게 했을 뿐만 아니라 민주주의가 전적으로 부정의(不正義)와 압제의 유일한 대안이 된다는 것을 인식하지 못하게 했다. 이런 낙관주의가 인간의 본성과 역사의 현실적이고 복잡한 사실관계들에 부합하지 못하게 될 때, 거기에는 항상 감상주의로 인해 절망에 빠지게 될 위험이 도사리고 있으며, 또한 지나치게 일관적인 낙관주의와 지나치게 일관적인 비관주의가 번갈아가면서 교대로 출현할 위험이 항상 있다.

나는 정치철학이 의존하고 있는 종교적 · 신학적 확신들에 대해서 이 책에서 더 자세히 설명하려고 시도하지 않았다. 하지만 그 확신들이 다음과 같은 믿음에 기초하고 있다는 것은 분명히 알게 될 것이다. 즉, 민주주의가 역사적으로 결부되어 왔던 낙관주의나 인간 공동체들을 독재적인 정치적 전략들로 기울게 하는 도덕적 냉소주의보다 인간 본성에 관한 그리스도교적 시각이 민주주의 사회의 발전에 더욱 적합하다.

1944년 8월

라인홀드 니버

추천서

부제가 분명하게 드러내는 대로, 이 책에서 니버의 핵심적 관심 주제는 민주주의이다. 세계대전 이후 민주주의가 직면하고 있던 위기 상황을 예민하게 인식하면서, 위기 극복의 길을 찾기 위한 라인홀드 니버의 실천적 목적을 명료하게 서술한 연구결과물이 『빛의 자녀들과 어둠의 자녀들』인 것이다. 니버의 통찰에 의하면 민주주의가 위기에 처하게 된 근본적인 원인은 '어둠의 자녀들'때문이다. 어둠의 자녀들은 누구인가? 니버의 기본적인 정의에 따르면, 어둠의 자녀들은 자기 의지와 이익 외에는 그 어떤 규범적 법적 토대를 신뢰하지 않는 이들이다. 다시 말해 자기이익(self-interest)에 대한 측정과 추구를 지고의 척도와 권위로 삼고 살아가는 이들을 가리킨다. 자기이익이 최고의 법인 것이다. 어둠의 자녀들이 자기이익을 중심적 힘에 추동된 삶을 집요하게 추구하고, 이러한 힘의 경향성이 제도적으로 또 문화적으로 구조화될 때 민주주의는 그 근간부터 흔들리게 될 것이라는 것과 실제로 이러한 붕괴의 증후를 니버는 체감했던 것이다.

그렇다면 심각한 상황에 이르기 전, '어둠의 자녀들'의 역사에 대응하면서 민주주의의 진로를 긍정적 방향으로 제시하고 관리할 주체들은 부재하였던 것인가? 어둠의 자녀들과 겨루면서 붕괴의 위기를 향한 진로를 거슬러 민주주의를 정상 궤도로 진전하도록 해야 할 '빛의 자녀들'은 어디에 있었냐는 말이다. 빛의 자녀들이 어둠의 자녀들의 반대 위치에 자리한다면, 이들은 후자와 달리 자기이익을 최고의 법으로 삼지 않는다. 자기이익보다 더 높은 규범적 토대가 있다. 니버에 따르면, 그 토대는 보편적 법이자 보편적 선에의 지향이다. 빛의 자녀들은 보편적 법과 공동의 선을 위해 자기이해를 얼마든지 통제하거나 포기할 의도를 갖추고 있다. 이들이 중요한 공적 행위자로 작용하고 빛의 자녀들의 내적 역동이 반영된 체제와 제도, 문화를 구현함으로써 어둠의 자녀들의 존재와 작용이 민주주의에 가져다주는 치명적 해악에 대한 치유와 교정의 교두보를 마련할 수 있게 되는 것이다. 그러나 이것이 그렇게 성공적이지 못했다는 것이 니버의 판단이다. 실패의 원인은 무엇인가? 빛의 자녀들의 부재 때문인가? 아니면 존재한다 하더라도 효과적으로 작용하지 못했기 때문인가? 니버는 후자에 주목한다. 니버 당시 민주주의를 위기로부터 지켜내야 할 대표적 주체는 민주주의를 옹호하는 부르주아 민주주의자들 혹은 부르주아들(bourgeois)이다. 이들에게 민주주의의 핵심 가치는 자유이다. 특별히 개인의 자유인데, 니버는 이들이 민주주의와 개인의 자유를 등치시키고 있는 것은 아닌지 비판적으로 성찰한다. 한편으로 개인뿐만 아니라 공동체도 자유를 원하며, 다른 한편으로 개인도 자유로만 살 수 있는 것이 아니라 부르주아 민주주의자들이 생각하는 것과 달리 개별 인간 존재의 생존에 있어 공동체는 필수적이라는 것이 니버의 생각이다. 후자의 관점에서 개인의 생존과 자유의 적절한 향유를 위해 공동체라는 공적인 틀과 터전이 요구된다는 점을 강조하는 것인데, 다만 이러한 강조가 개인의 자유를 필연적으로 제한하거나 억압하는 방향으로 귀결되지 않도록 해야 할 것이다. 이 점에서 기독교의 신학적 통찰과 신념은 중요하다. 부르주아 민주주의자들은 근본적으로 인간에 대한 불충분한 이해로 빛의 자녀들로서의 그 시대적 사명을 온전히 감당하지 못했다고 평가하는 것이고 이들의 인간 이해를 보완하기 위해 신학적 인간론이 절실하다는 것이다. 특별히 이들은 인간에 대해 지나치게 낙관적이다. 자유민주주의 사회에서 개별 시민들은 지고의 가치인 자유를 향유하되 결코 자기이해를 최고의 법으로 삼지 않으며 자기이해의 강력한 역동을 극복하여 정치사회 공동체의 법적 규범적 토대와 공동의 선을 보존하고 증진할 수 있는 인간론적 잠재력을 보유하고 있다는 이해인 것이다. 니버는 이러한 이해는 참으로 순진하다고 생각하며, 인간이라면 한 사람도 예외 없이 자기이해의 부정적 작용에 쉽게 좌우될 수 있다는 점을 인식해야 할 것임을 조언한다. 신학적으로 말해, 인간의 죄성에 대한 적절한 이해와 인정이 필요하다는 것이다. 죄성에 대한 진솔한 인식은 겸손으로 이어지며, 이 겸손이 미덕으로 작동하여 개인들은 자신이 죄의 유혹에 쉽게 넘어지며 자기중심적 욕구 추구에 열심일 가능성이 높은 존재임을 인정하고 자기이익을 향한 경향성을 거슬러 타자를 존중하는 삶의 방식으로의 전환을 힘쓰게 만든다는 것이다.

개인과 공동체의 관계성 문제는 니버의 논의에서 중요한 위치를 차지한다. 죄의 관점에서 개별 인간 존재에 대한 신중한 이해를 견지할 뿐 아니라 개인들이 모여 구성하는 공동체에 대해서도 신중하면서도 현실주의적인 입장을 취한다. 특별히 다양한 형태의 정치사회적 공동체가 보여주는 집단이기주의나 폭력성의 양상은 더욱 니버의 현실주의를 강화한다. 이 책에서 니버는 공동체적 차원에서 '힘의 균형'을 중요하게 여긴다. 이 균형을 부단히 그리고 치열하게 추구함을 통해 집단적 권력 투쟁과 불의의 결과들을 통제하고 교정하고자 하는 것이다. 이제 마지막 물음이 남았다. 민주주의의 위기에 직면하여 극복의 길을 모색하는 니버의 탐구와 논의에서 그리스도의 의미는 무엇인가? 그리스도는 개인과 인간 공동체가 지향해야 할 궁극적인 규범적 이상이다. 그 이상이 궁극적이기에, 인간 공동체가 도덕적으로 최상의 성취를 이루었다 해도 완전할 수 없다. 그러나 여전히 인간 사회가 지향해야 할 이상으로서 규범과 동기의 원천이 된다. 니버는 여기서 기독교 신앙의 희망을 보며, 이 희망이 신앙의 공동체 바깥의 개인들과 공동체들에게도 의미 있는 것으로 증명되고 또 그렇게 작용하기를 바라는 것이다.

니버가 이 책에서 제기하고 또 성찰하는 질문들과 주제들은 자유민주주의 체제를 생존의 기반으로 삼고 있는 오늘 우리에게도 여전히 유효하고 유의미하다. 특별히 공적 영역에 대한 책임적인 자세와 실천을 요청 받고 있는 한국교회에게는 더욱 그러하다. 그러기에 니버의 『빛의 자녀들과 어둠의 자녀들』은 한국교회의 책임적 응답을 위해 매우 유용한 자료가 될 것이다. 니버의 문제의식과 통찰 그리고 실제적인 대안은 한국교회와 신학이 주목하고 공유하기에 충분한 가치가 있다고 생각한다. 이러한 저작을 우리말로 번역하느라 수고하신 오성현 박사님과 출판을 위해 힘써준 이들에게 깊은 감사를 표하며, 한국교회 안팎의 많은 독자들에게 이 책을 기쁜 마음으로 추천하고자 한다.

임성빈(장로회신학대학교 총장)

차 례

1장

빛의 자녀들과 어둠의 자녀들

1장

빛의 자녀들과 어둠의 자녀들

I

민주주의는 다른 모든 역사적 이상이나 기구들과 마찬가지로 일시적인 요소와 영구적으로 타당한 요소를 모두 가지고 있다. 민주주의는 한편으로 부르주아 문명의 전형적인 결실이다. 그러나 다른 한편으로 민주주의는 영구적으로 타당성을 지닌 사회조직이자 자유와 질서가 서로 충돌되지 않고 상호 지지하도록 만드는 사회조직이다.

민주주의는 과거 3백 년 내지 4백 년 동안 유럽 문명에서 권력을 획득했던 중산계급의 전형적인 관점들을 표현하고 있다. 그런 면에서 민주주의는 "부르주아 이데올로기"이다. 우리가 알고 있는 대부분의 민주주의적 이념들은 상인계급들이 중세 봉건 세계의 교회 통치자들이나 귀족 통치자들과 완강히 부딪히면서 - 끝내 승리를 거두었던 - 싸움에 나설 때 사용했던 무기들이었다. 평등의 이념은 그리스 도시국가의 민주주의 삶에서는 알려지지 않았던 것이며 부분적으로는 그리스도교의 원천으로부터, 또 부분적으로는 스토아주의의 원천으로부터 유래된 것으로서 부르주아 계급에게 자존감을 불어 넣어주었다. 그리고 이로써 중산계급은 중세사회 봉건 지배자들의 귀족주의적 가식과 오만을 극복할 수 있었다. 중산계급은 경제적 자유를 강조함으로써 중상주의의 경제적·정치적 권력의 복합체를 패배시켰다. 그리고 정치적 자유의 원리를 통해 중산계급은 성장하는 자신들의 경제적 권력 위에 참정권이라는 정치적 권력을 추가적으로 확보했다. 민주주의 문명의 명시적 이상들뿐 아니라 암시적 전제들도 역시 많은 부분에서 중산계급의 실존이 거둔 결실이었다. 예를 들어 민주주의적인 삶의 사회적·역사적 낙관주의는 자신의 진보를 세계 전체의 진보로 오해하는 가운데 약진하던 한 계급의 전형적인 환상을 대변하고 있다.

16세기에서 18세기 사이에 태어나서 19세기에 정점에 도달했던 부르주아 문명은 이제 20세기에 이르러, 실제적인 사후 경직의 상태는 아니라고 하더라도 명백히 중대한 위기에 처해 있다. 따라서 민주주의가 중산계급의 이데올로기인 한에서 그것 역시 파멸에 직면해 있다는 점은 확실하다.

민주주의의 운명은 침착하게 고찰되어야 하지만, 민주주의가 중산계급적 특성보다 더욱 깊은 차원과 폭넓은 타당성을 가지고 있다는 사실이 우선 고려되어야 한다. 이상적인 측면에서 보았을 때 민주주의는 인간 실존의 두 가지 차원, 즉 인간의 정신적인 위상 및 사회적 성격의 차원 그리고 인류 공통의 필요뿐 아니라 삶의 고유성과 다양성의 차원을 정당하게 다루고 있다는 점에서 영속적인 타당성을 지닌 사회·정치적 조직이다. 부르주아 민주주의는 종종 공동체를 희생시키고 개인을 격상시켰다. 하지만 부르주아 민주주의의 자유에 대한 강조에는 과도한 개인주의에도 불구하고 그것을 넘어서는 타당한 요소가 내포되어 있다. 개인이 자유를 필요로 하는 만큼이나 공동체도 자유를 필요로 한다. 그리고 개인은 부르주아들이 생각했던 것보다 더 공동체를 필요로 한다. 따라서 민주주의가 자유 그 자체와 동일시될 수는 없다. 이상적인 민주주의 질서는 자유의 조건들 안에서 통일을 추구하며, 질서의 체제 안에서 자유를 유지한다.

인간은 "본질적으로" 자유롭기 때문에 자신의 사회조직 내에서 자유를 요구한다. 이는 인간이 자연의 과정들과 제한들을 넘어서는 비결정적 초월성의 능력을 가지고 있다는 의미다. 이 자유로 인해서 인간은 자신의 역사를 만들 수 있으며, 공동의 조직들을 무한히 다양하게, 끝없이 넓고 멀리 정교하게 만들 수 있다. 하지만 인간은 또한 본성적으로 사회적이기 때문에 공동체를 요구한다. 인간은 혼자 자신의 삶을 성취할 수 없다. 인간은 오로지 자신의 동료들과 맺는 책임적, 상호적 관계 안에서만 자신의 삶을 성취할 수 있다.

부르주아 민주주의자들은 자유가 원초적으로 개인에게 있어 필수적인 것이라고 믿는 경향이 있으며, 공동체와 사회질서가 필요한 것은 오로지 작은 세계에 많은 개인들이 존재하기에 상호 충돌을 막기 위한 최소한의 규제들이 요구되기 때문이라고 믿는 경향이 있다. 그러나 실제로 공동체는 개인 못지않게 자유를 필요로 한다. 그리고 개인은 공동체 못지않게 질서를 필요로 한다.

개인과 공동체는 모두 자유를 필요로 한다. 그래야 공동체의 규제들이나 역사적 규제들이 인간의 본질적 자유에 내재해 있는 잠재력이나, 집단적 혹은 개인적으로 표출될 수 있는 잠재력을 조급하게 제지하는 일이 없을 것이다. 개인이 일반적으로 새로운 통찰력의 제공자이며 참신한 방법들의 제안자라는 것은 사실이다. 그럼에도 불구하고 사회 안에는 개인들의 의식적인 고안들이 아닌 집단적인 힘들이 작동하고 있다. 어떤 경우든 사회는 개인만큼이나 자유의 수혜자이다. 자유로운 사회에서는 새로운 힘들이 낡은 힘들과 경쟁에 돌입할 수 있으며, 점진적으로 자리를 잡아갈 수 있다. 전통적인 혹은 독재적인 사회조직의 형태에서 새로운 힘들은 진압되거나, 아니면 사회적 격변과 격동을 통해 자기 자리를 잡아간다.

다른 한편으로 공동체의 질서는 공동체만큼이나 개인에게도 요긴하다. 개인은 고립 상태에서 참된 자아가 될 수 없다. 또한 개인은 가족이나 무리와 같은 최소한의 결속 범위 내에서 "자연"에 의해 수립된 공동체의 한계 안에서만 살아갈 수도 없다. 그의 자유는 이런 자연의 한계를 초월하며, 따라서 점차로 더욱 커지는 사회적 단위들을 가능하게 만들 뿐만 아니라 필수적이게 만든다. 개인이 그의 공동체 안에서 부자연스러운 질서를 요구하게 되는 것은 바로 자신의 본질적인 자유 때문이다.

따라서 민주주의 이념은 부르주아 문명이 주장하는 자유주의적·개인주의적 민주주의보다 더 큰 타당성을 가진다. 부르주아적 민주주의는 현대 역사의 사건들로 인해서 신뢰성을 잃게 되었고, 어찌됐든 부르주아 문명이 현재 붕괴의 과정에 있기 때문에, 민주주의적 질서에서 영구적으로 타당한 요소를 일시적인 요소로부터 구분하고 구해내는 것이 중요해졌다.

민주주의가 생존하려면 부르주아 세계의 형성에 영향을 끼쳤던 철학보다 더욱 적합한 문화적 기초를 발견해야 한다. 민주주의 실험이 의존하고 있는 전제들의 부적합성이 단지 부르주아 세계관의 과도한 개인주의와 자유주의에만 해당하는 것이 아니다. 물론 이 과도한 개인주의가 서양 세계 전체에 시민전쟁을 촉발했으며, 신흥 프롤레타리아계급들은 중산계급의 거짓된 개인주의에 맞서 과도한 집단주의를 내세우게 되었다는 것은 기억되어야 하지만 말이다. 이 시민 충돌은 민주주의적 문명이 야만적인 위협에 직면하게 되었을 때 노출시키기 마련인 약점의 표출이었다. 개인주의도 집단주의도 인간의 사회적 삶의 모든 필요들을 공평하게 다루지 못했다. 반쪽 진리와 반쪽 진리 간의 분쟁은 문명 세계를 나누어버렸다. 그래서 야만인들이 그들의 잠정적인 동맹으로 처음에는 한쪽 편을 주장하고, 그 다음에는 다른 편을 주장할 수 있었다.[1)]

---

1) 나치의 외교와 선전은 처음에는 "금권정치가들"에게 반대하는 자신들의 동맹자로서 민주주의 문명 안에서 가난한 자들을 불러 모았고, 그 다음에는 "공산주의"에 반대하는 싸움에서 특권층 계급들과 동맹을 맺는 것에 성공했다. 이것은 민주주의 문명 안에서의 시민전쟁

하지만 부르주아 민주주의의 개인주의나 마르크스주의의 집단주의보다 더욱 근본적인 잘못이 민주주의 문명의 사회철학에 들어있다. 그것은 사적 이익과 보편적 이익 간의 긴장과 갈등을 쉽게 해결할 수 있다는 가능성에 대한 부르주아와 프롤레타리아 이상주의자들의 확신이다. 근대 부르주아 문명은 가톨릭 철학자들이나 중세찬미자들이 일반적으로 주장하듯이, 보편적인 법칙에 대한 반란이 아니며, 보편적인 정의의 표준들에 대한 반항도 아니고, 보편적인 사회적·국제적 화합을 성취하고 보존하려고 하는 역사적인 기구들에 맞서는 대적도 아니다. 근대의 세속주의는 종교적 이상주의자들이 일반적으로 단언하듯이 단순히 사적 이익의 개인주의적 합리화 혹은 집단주의적 합리화도 아니다. 부르주아 개인주의는 과도해질 수 있으며, 그것이 공동체에 대한 개인의 유기적 관계를 파괴할 수도 있다. 하지만 부르주아 개인주의가 국가적 질서나 국제적 질서를 파괴하려고 의도했던 것이 아니다. 이와 반대로, 민주주의 문명에 영향을 미치는 사회적 이상주의는 사적 이익과 보편적 복지를 모든 차원에서 간단하게 상호 화합시킬 수 있다는 가능성에 대한 감동적인 믿음을 가지고 있었다.

가톨릭 옹호자들은 르네상스와 종교개혁에서 시작된 도덕적 냉소주의가 낳은 최후의 열매가 바로 나치주의라고 주장하지만, 이것은 사실이 아니다. 나치의 야만성은 근대의 문화생활에서 얼

이 문명과의 싸움에서 야만이 거의 승리하게 하는데 일조했다는 사실을 잘 보여준다.

마 전까지도 부수적인 요소로 남아있었던 도덕적 냉소주의가 맺은 최후의 열매다. 분명히 근대 문명은 과거의 전통적 봉건질서가 개인에게 부여했던 것보다 더 큰 자유를 국가적 공동체 안에서 개인에게 부여하려고 추구했다. 또한 근대 문명은, 국제적 교회(the international church)가 국가들의 자유에 두었던 제한들로부터 국가들을 자유롭게 하려고 추구했다. 그러나 근대 문명은 개인적으로든 집단적으로든 결코 사적 이익을 명분으로 보편적 이익을 냉소적으로 거부하지 않았다. 굳이 말하자면 근대 문명이 개인적으로보다는 국가적으로 보편적 이익을 거부했었다. 마키아벨리의 초(超)도덕적 "군주"는 자신의 뜻과 능력보다 상위에 있는 법을 알지 못하는 존재로서, 근대 세계에 반대하는 가톨릭과의 논쟁이라는 부담 전체를 떠맡도록 고안되었다. 마키아벨리는 국제적 관계의 분야에서 도덕적 냉소주의의 오랜 기조의 첫 번째 인물이라는 점이 인정되어야 한다. 그러나 이 도덕적 냉소주의는 근대의 이상적 자유주의의 보편주의적 과장을 제거하는 것이 아니라 오히려 그것을 인정하고 있을 뿐이다. 국내 정치의 분야에서 규제되지 않은 이익추구를 위한 전쟁이 중산계급인 개인주의자들이 의도했던 것은 확실히 아니라고 하더라도, 그것은 그들이 도달할 수밖에 없었던 귀결이었다. 또한 오늘날 근대 세계에서 국가 간의 분쟁도 그들이 의도했던 것은 아니다. 그들은 국가들을 위한 더 큰 자유를 요구했다. 하지만 그들은 국가들 사이에 통제가 없어도 조화를 이룰 수 있다고 믿었으며, 낡은 종교적·정치적 질서의 부적절한 규제들이 제거되기만 하면 그렇게 되리라 믿었다. 이점에서 그들이 오류를 범했다는 것은 입증되었다. 그러나 그들은 사적 이익에 대해서 단순한 도덕적 제재를 가하는 오류를 범하지는 않았다. 문제는 그들이 오히려 부적합하다고 판명된 통제와 제한들에 의존했다는 것이다.

II

이 중요한 특징을 더욱 완전히 해명하기 위해서, 자신의 뜻과 이익보다 상위에 있는 법을 알지 못하는 도덕적 냉소주의자를 성서에 나오는 명칭인 "이 세상의 자녀" 혹은 "어둠의 자녀들"로 지칭하고자 한다. 사적 이익이 그보다 높은 법의 규율 아래에서 생각되어야 한다고 믿는 사람들은 "빛의 자녀들"이라고 칭해질 수 있을 것이다. 이런 명칭의 사용은 그저 자의적인 설정이 아니다. 왜냐하면 악(惡)은 항상 전체에 대한 고려 없이 - 직계 공동체[* 예컨대 지역사회, 국가]나 인류 공동체 혹은 세계의 전체 질서가 전체가 될 수 있을 것인데 - 사적 이익을 주장하고 행사하기 때문이다. 반면에 선(善)은 항상 다양한 차원에서의 전체의 조화이다. 국가와 같이 부속적이고 미숙한 "전체"에 대한 헌신은 인류 공동체와 같은 더 큰 전체의 관점에서 본다면 당연히 악이 될 수 있다. 따라서 "빛의 자녀들"은 사적 이익을 보다 보편적인 법의 규율 아래로 이끌려고 노력하며, 보다 보편적인 선과 조화를 이루려고 노력하는 사람들이라고 정의될 수 있다.

성서에 따르면, "이 세상의 자녀들이 자기네끼리 거래하는 데는 빛의 자녀들보다 더 슬기롭다."[*눅 16:8, 새번역] 성서의 이런 관찰은 근대적 상황에 딱 맞다. 우리의 민주주의 문명은 어둠의 자녀들이 아니라 어리석은 빛의 자녀들에 의해 세워졌다. 하지만 그것은 어둠의 자녀들로부터, 다시 말해서 강한 나라는 자신의 힘보다 상위의 법을 인정할 필요가 없다고 선언하는 도덕적 냉소주의자들로부터 공격을 받아왔다. 민주주의 문명은 이런 공격을 받아서 거의 참사를 당할 뻔했다. 그 이유는 민주주의 문명이 냉소주의자들과 동일한 신조를 받아들였기 때문이 아니라, 근대사회에서 개인적이거나 집단적인 사적 이익의 힘을 과소평가했기 때문이다. 빛의 자녀들은 어둠의 자녀들만큼 슬기롭지 못했다.

어둠의 자녀들은 자신을 넘어서는 법을 모르기에 악하다. 그들은 악하기는 하지만 사적 이익의 힘을 이해하고 있기에 슬기롭다. 빛의 자녀들은 자신의 의지보다 더 높은 법을 어느 정도 이해하고 있기에 고결하다. 하지만 그들은 사적 의지의 힘을 모르고 있기에 어리석다. 그들은 국가 공동체와 국제 공동체에서 무정부 상태의 위험을 과소평가한다. 간단히 말해서 근대 민주주의 문명은 냉소적이기보다는 감상적이다. 근대 민주주의 문명은 인간에 대해 어리석고도 피상적인 관점을 가지고 있기 때문에 공동체의 국가적 차원과 국제적 차원 모두에서 무정부와 혼란의 문제에 대해 손쉬운 해결책을 제시한다. 근대 민주주의 문명은 표면상으로 "공익"에 헌신하고 있는 사람이 자신을 자신의 이웃과 상충되게 만드는 욕망, 야망, 희망, 두려움을 가질 수 있다는 사실을 간과한다.

빛의 자녀들이 어리석은 것은 그들이 단지 어둠의 자녀들의 사적 이익의 힘을 과소평가하고 있기 때문만이 아니다. 문제는 그들이 자신들 안에 있는 이 힘을 과소평가하고 있다는 것이다. 민주주의 세계가 거의 파멸의 상황에 이를 뻔한 것은, 나치주의가 그들의 공언대로 악마적 분노를 가지고 있다는 것을 민주주의 세계가 믿지 않았기 때문만은 아니다. 민주주의 문명은 자신의 공동체들 안에 존재하는 계급 이익의 힘을 인정하기를 거부했다. 민주주의 문명은 국제적 양심에 관해서도 그럴듯하게 말했다. 그 동안 어둠의 자녀들은 솜씨 있게 국가들이 서로에게 등을 돌리게 만들었다. 그래서 문명화된 나라들이 각자 방어 태세를 갖추기 전에 그들은 한 나라 한 나라씩 차례로 약탈할 수 있었다. 도덕적 냉소주의는 도덕적 감상주의에 비해서 잠정적인 우위를 가진다. 그 우위는 단지 도덕적 양심의 결여에 있는 것이 아니라, 오히려 - 빛의 자녀들이 자신들의 도덕적 항변에도 불구하고 개인적으로나 국가적으로 매어 있는 - 사적 이익의 힘에 대한 기민한 평가에 있다.

근대의 빛의 자녀들인 세속적 이상주의자들이 특별히 어리석고 맹목적이었다고 할 때, "그리스도교적인" 빛의 자녀들도 이 실수를 저지름에 있어서 거의 동일하게 잘못이 있었다. 근대 자유주의적 개신교는 아마도 우리의 정치적 삶에서의 도덕적 실재성을 평가함에 있어서 세속적 이상주의자보다 훨씬 더욱 감상적이었을 것이다. 그리고 가톨릭 보편주의와 가톨릭 "그리스도교적" 문명에 대한 근대의 세속적 저항을 가톨릭은 오로지 냉소적 반란으로 간주했다. 가톨릭의 사고방식에서 중세의 정치적 보편주의는 항상 곧이곧대로 받아들여졌다. 따라서 중세 문화에 대한 반란은 언제나 도덕적 냉소주의의 결실로 간주되었다. 하지만 실제로 봉건질서에 대한 중산계급의 봉기는 부분적으로, 관대한 이상주의에 의해서 - 물론 이때 특수한 중산계급의 이익이 혼합되지 않았다고 말할 수는 없겠지만 - 촉발되었다. 봉건질서는 가톨릭 옹호자들이 단언하는 것처럼 단순히 그리스도교적 문명이 아니다. 봉건질서는 효과적인 사회적 권력을 보유하고 있는 사제들과 귀족들의 특수 이익들을 보편적 질서에 대한 충성과 혼합시켰다. 봉건질서에서 그들이 차지한 독보적인 위치를 합리화시키는 것은 그 다음에 나타난, 자유주의 세계에서 부르주아 이익들을 합리화시키는 것에 비하면 뚜렷이 눈에 띄는 것은 아닐 수 있다. 하지만 그렇다고 해서 봉건질서에서 이런 "이데올로기적 오염"을 부인하고, 그 질서에 대한 봉기가 단순히 질서 그 자체에 대한 봉기이었던 것처럼 여기려는 것은 나태한 짓이다. 그 봉기는 중산계급의 적대 세력이었던 귀족계급에게 부당한 우위를 제공했던 특별한 질서에 대한 봉기였다.[2)] 자신의 이데올로기적 오염에 대한 가톨

2) 솔즈베리의 요한(John of Salisbury)은 12세기에 저술한 『국가관료론』(Policraticus)에서 성직자의 정치적 권위를 거의 완벽하게 합리화시키고 있다. 그는 다음과 같이 쓰고 있다. "종교적 실무를 주재하는 자들은 몸의 영혼으로 높이 여겨지고 존숭되어야 한다. 더욱이 영혼은 애초에 몸의 군주이며 몸 전체에 대한 지배권을 가지고 있기 때문에, 마찬가지로 우리의 입안자가 종교의 지도자들이라 부르는 사람들은 몸 전체를 주재해야 한다."(Book V, ch. ii) 근대의 가톨릭 역사학자는 성직자들에 의한 통치에 대한 이런 정당화를 액면 그대로 수용하면서, 마키아벨리의 정치학은 "솔즈베리의 요한과 같은 사람들의 원리들에 대해 그리스도의 선하심 대신 카이사르의 힘을 선호하는 전적인 도전"이라고 말한다.(*Emmet John Hughes, The Church and the Liberal Society*, p. 33) 솔즈베리의 요한의 정치적 원리들은 두말할 것 없이 마키아벨리의 것보다는 도덕적이었다. 하지만 성직자에

릭의 맹목은 빛의 자녀들이 보여주는 전형적인 맹목성이다.

귀족주의적·성직주의적 질서에 대한 중산계급의 봉기인 근대 문명이 비종교적이게 되었던 것에는 어느 정도 다음과 같은 이유가 있다. 가톨릭 문명이 영원한 신성함을 농업적 봉건질서의 우연적·상대적 정의 및 부정의와 혼합시켜 버렸기 때문에, 새롭게 역동적으로 출현한 부르주아의 사회적 힘은 그 질서의 정치·경제적 배열에 대해서만 아니라 그것을 신성화시켰던 영원한 신성함에 대해서도 도전하지 않을 수 없었다.

만약 근대 문명이 봉건주의에 대한 부르주아의 봉기를 대변하는 것이라고 한다면, 근대 문화는 근대 과학의 정보에 힘입어서 일어난 새로운 사고방식의 봉기를 대변하는 것이라 할 수 있다. 그것은 종교적 권위가 미숙하고도 너무 협소하게 과학의 확장에 대한 제한들을 고착시켰고, 인간의 호기심이 "이차적인 원인들"을 탐문하려는 것을 제지했던 문화에 대한 봉기였다. 종교 대신에 과학을 숭상하며, 하나님 대신에 자연의 인과율을 경배하는 이 문화는 부르주아의 냉철한 신중함을 그리스도교적 사랑보다 도덕적으로 더욱 규범적인 것으로 간주했다. 하지만 오늘날 이 문화는 17세기와 18세기에 그렇게 보였던 것보다는 덜 심오한 것으로 판명되었다. 이 부적합성은 근대의 빛의 자녀들이 드러낸 전형적인 어리석음으로 보아야 하지만, 그렇다고 해서 근대인들

의한 지배를 "그리스도의 선하심"과 단순히 동일시하는 것은, 그리스도교적이든 세속적이든 빛의 자녀들의 맹목성을 보여주는 좋은 예이다.

이 실제로는 진리를 거역하고 보편적 질서를 파괴하려고 하는 어둠의 자녀들이었다는 주장을 이 부적합성으로 정당화할 수는 없다.

사회질서에서 새로운 활력들이 필요하다는 주장과 인류문화에서 새로운 차원들의 발견들이 봉건질서와 중세 문화에 대한 근대적 봉기의 원인을 제공했다. 근대적 봉기는 한 사회의 미숙하고 잠정적인 통일성에 도전을 했고, 한 문화의 안정성에 도전을 했다는 면에서, 그리고 새로운 사회적·문화적 가능성들을 발전시켰다는 면에서 참으로 민주주의적이었다. 중산계급과 귀족주의자들 간의 갈등, 과학자들과 사제들 간의 갈등은 어둠의 자녀들과 빛의 자녀들 간의 갈등이 아니었다. 그것은 인간 문화의 모든 이상적 성취와 허세 안에 감춰져 있는 사적 이익의 부패를 의식하지 못했던 경건한 빛의 자녀들과 이를 역시 의식하지 못했던 덜 경건한 빛의 자녀들 간의 갈등이었다.

III

이 갈등에서 중세 종교의 신봉자들은 대체로 그들 자신의 입장에 내포되어 있는 사적 이익의 부패를 의식하지 못했다. 하지만 그들이 인간사회에 미치는 사적 이익의 힘을 평가함에 있어서 후에 출현한 세속주의자들만큼 어리석지 않았다는 점은 인정되어야 한다. 가톨릭주의[*가톨릭교회의 신학 및 세계관 일체]는 과도한 욕망에 대한 내적이며 종교적인 훈육을 위해 노력했다. 가톨릭주의는 국가 공동체나 더욱 보편적인 인간 공동체에서 개인적으로나 집단적으로 이기주의의 힘을 법적으로, 정치적으로 규제할 필요성을 정치가들처럼 생각하고 있었다.

반면에 근대 문명은 무한한 사회적 낙관주의의 물결 안으로 휩쓸려 들어갔다. 근대 세속주의는 여러 학파로 분화되었다. 그러나 이 다양한 학파들은 한결같이 그리스도교의 원죄 교리를 거부했다. 이 문제와 관련해서 원죄 교리의 세부 요소들을 설명하거나 그 깊이를 가늠하는 것은 불가능하다. 그러나 이 교리가 적합한 사회적·정치적 이론을 위해 중요한 공헌을 한다는 점을 지적하지 않을 수 없다. 이 교리가 결여됨으로 인해서 부르주아의 이론은 실제적인 지혜를 잃어버리고 말았다. 이 교리는 인간 역사의 매 국면이 입증하고 있는 사실을 강조하고 있기 때문이다. 인간의 정신이 미칠 수 있는 관점이 아무리 광대하다고 해도, 인간의 상상력이 생각할 수 있는 충성도가 아무리 광범위하다고 해도, 인간의 국정운영기술이 조직할 수 있는 공동체가 아무리 보편적이라고 해도, 성자 같은 이상주의자들의 염원이 아무리 순수하다고 해도, 과도한 자기 사랑의 부패가 조금이라도 존재하지 않는 인간 도덕이나 사회적 성취의 차원은 없다는 것을 원죄 교리를 통해서 이해할 수 있을 것이다.

인간의 상황에 대한 이런 냉철하고 참된 견해가 근대 문화에 의해서 전적으로 거절되었다. 근대 문화가 자아와 공동체의 갈등이나 국가 공동체와 세계 공동체의 갈등을 해결하기 위해 어리석고 소용없는 계획들을 그렇게도 많이 생각해낼 수 있었던 것은 바로 그런 이유에서였다. 인간의 자기 사랑이 분열과 악화를 일으키는 효과들을 직면할 때마다 근대의 이상주의자들은 일반적으로 이런 지속적인 경향성을 야기하는 직접적인 원인들을 특정한 형태의 사회조직에서 찾는다. 어떤 학파는 만약 정치 기구들이 사람들을 부패시키지 않을 수 있다면 사람들은 선하게 될 것이라고 주장한다. 또 어떤 학파는 만약 기존의 불완전한 경제조직의 악(惡)을 제거할 수 있다면 사람들은 선하게 될 것이라고 주장한다. 다른 학파는 이런 악이 다름 아니라 무지라고 생각하여 더욱 완벽한 교육과정을 기대하며, 이를 통해서 인간을 부분적이고 특수한 충성으로부터 구할 수 있으리라고 생각한다. 하지만 그 어떤 학파도 어떻게 본질적으로 선한 인간이 부패하고 독재적인 정치조직들을 만들어낼 수 있었고, 착취적인 경제적 조직들이나 광적이며 미신적인 종교조직들을 만들어낼 수 있었는지를 묻지 않는다.

인간사회의 역사에서 드러난 명백하고도 비극적인 사실들에 대한 무지는 정치가들과 지도자들로 하여금 완전한 국내적·국제적 공동체의 창조를 위한 온갖 추상적이고 헛된 계획들을 고안해내도록 하였으며, 민주주의가 어둠의 간교한 속임수와 악의에 맞서 위태롭게 자신을 지켜낼 수밖에 없는 결과를 야기했다.

개인과 공동체 간의 긴장 혹은 계급들, 인종들, 국가들 간의 긴장의 해소를 위한 손쉬운 해결의 가능성에 대한 근대 세속적 이상주의자들의 확신은 인간의 본성에 대한 너무 낙관적인 견해로부터 생겨났다. 인간의 도덕성에 대한 너무 관대한 평가는 인간이 처한 상황의 차원들에 대한 잘못된 평가와 밀접하게 연관되어 있다. 자유민주주의 문화의 사회적·정치적 태도들은 본질적으로 무해(無害)한 개인이라는 인간의 본성에 대한 관념에 토대를 두고 있다. 인간이 동물과 공유하는 생존 충동이 인간의 이기적 동기에 대한 규범형식으로 간주되었다. 만약 이것이 인간의 상황에 대한 올바른 묘사라면, 인간은 17세기와 18세기에 그렇게 가정되었던 것처럼 아마도 해를 끼치지 않는 무해한 존재이거나 혹은 그런 존재가 될 것이다. 불행히도 인간에 대한 이런 인식의 타당성에 대한 기대와 달리, 인간의 세계와 동물의 세계를 구분하는 가장 중요한 기준은 전자의 충동들이 인간의 세계에서 "정신화"가 된다는 것이다. 선을 행할 수 있는 능력뿐 아니라 악을 행할 수 있는 인간의 능력도 이런 정신화에서 비롯되었다. 물론 모든 인간의 야망의 중심에는 자연적인 생존 충동이 항상 있다. 그러나 이 생존 충동이 두 가지 형태의 정신화로부터 깔끔하게 분리될 수는 없다. 그 하나는 단지 실존을 유지하는 것이 아니라 생명의 잠재적 가능성들을 성취하려는 욕망이다. 인간은 단지 살아가기만 해도 되는 동물이 아니다. 인간은 살아있는 한 자신의 참된 본성을 실현하기를 추구하게 되어 있다. 그리고 인간의 참된 본성은 타인의 삶들 안에서의 성취를 포함한다. 따라서 삶의 의지는 자기실현의 의지로 변화될 수 있다. 또한 자기실현은 타인과의 관계에서 자신을 내어주는 것을 포함하고 있다. 자기실현에 대한 이런 욕구가 완전히 탐구되어 이해된다면, 자기실현의 가장 높은 차원의 형식은 자기 내어줌이라는 역설을 따라야 한다는 것이 명백해진다. 물론 그것은 미숙하게 제한되는 일 없이 의도된 결과일 수는 없다. 따라서 삶의 의지는 마침내 다음과 같은 의미에서 그 반대편으로 자리를 옮기게 된다. 오로지 자기를 내어줄 때에만 자아가 성취될 수 있다. 왜냐하면 "자기 목숨을 얻으려는 사람은 목숨을 잃을 것이요, 나를 위하여 자기 목숨을 잃는 사람은 목숨을 얻을 것이[기 때문이다]."[3]

반면에 삶의 의지는 정신적으로 권력에 대한 의지 혹은 "권력과 영광"에 대한 욕망으로 바뀐다. 자연적 피조물 이상의 존재인 인간은 단지 물리적 생존에만 관심이 있는 것이 아니라 위신과 사회적 승인에도 관심이 있다. 자연과 역사에서 자신이 처한 위험들을 미리 짐작하는 지성을 가지고 있기에 인간은 자신의 권력을 개인적으로, 사회적으로 향상시킴으로써 이런 위험들로부터의 안전을 얻으려고 끊임없이 추구한다. 사물들의 전체적 체계 안에서 인간은 자신이 하찮은 존재라는 것을 암울하게 무의식적으로 알고 있기 때문에 우월감이라는 허세로 자신의 하찮음을 보상하려고 추구한다. 따라서 인간들 사이의 갈등은 결코 단순히 생존 충동들 간의 경쟁이 아니다. 그 갈등은 다른 인간과 단체의 권력과 우월감의 표현들이 야기하는 위험에 대처해서 각 인간이나 단체가 자신의 권력과 위신을 보호하려고 추구하면서 생기는 갈등이다. 권력과 위신의 소유는 그 자체로서 타인의 위

3) 마태복음 10장 39절

신과 권력에 대한 침해를 항상 어느 정도 포함하고 있다. 따라서 이 갈등은 그 본성상 자연에서의 다양한 생존 충동들 간의 단순한 경쟁보다 훨씬 완고하고 어려운 경쟁이다. 그리고 이 갈등은 개인들보다 집단들 사이에서 훨씬 더욱 잔혹하게 표현된다는 것이 추가적으로 고려되어야 한다. 인간의 행위는 세속적 자유주의가 가정하는 것보다는 훨씬 덜 개인주의적이기 때문에 인간사회에서 계급 간, 종족 간, 단체들 간의 투쟁이 자유민주주의 이상주의자들이 가정했던 것처럼 단체들을 해산하는 것과 같은 대책으로는 그렇게 쉽게 해결되지 않는다.

자연에서의 생존 충동이 두 가지의 서로 다른 모순적인 정신적 형식, 간단히 표현하면 참된 삶에 대한 의지와 권력에 대한 의지로 바뀌기 때문에 인간은 자기모순에 빠진다. 이차적 충동의 힘은 민주주의적 자유주의자들이 생각하는 것보다 더욱 근본적으로 인간을 자신의 동료들과 갈등에 빠지게 만든다. 인간은 자신의 동료와의 유기적 관계성 밖에서는 자신을 실현시킬 수 없다. 이 사실은 부르주아 개인주의자들이 이해하는 것보다 공동체를 더욱 중요한 것으로 만든다. 두 가지 충동이 비록 상호 모순적인 관계에 있기는 하지만 인간의 삶의 모든 단계에서 상호 간에 혼합되어 있다는 사실은, 자유주의적 이상주의자들이 도덕적·정치적 사실들을 평가할 때 사용했던 선과 악, 이기주의와 이타주의의 단순한 구분들이 타당성이 없다는 것을 입증한다. 권력에 대한 의지는 인간의 참된 본성을 실현하기 위해서 도덕적으로 더 우월한 의지임이 필연적으로 정당화된다. 이 사실은 보편적 이상들이 이기심에 물드는 일은 도덕주의적 신봉가들이 인정하려는 것보다 훨씬 더 인간의 행동에서 끊임없이 일어난다는 것을 의미한다.

우리가 단지 현재와 같이 세계적 재난을 맞고 있는 비극적 시대만이 아니라 역사의 어떤 시대를 조사한다고 해도, 다음과 같은 사실은 아주 명백해진다. 민주주의 문명의 기조를 이루는 기본 철학에서 예상되었던 것보다 인간의 야망, 욕정, 욕구는 훨씬 더 불가피하게 과도하며, 인간의 창조성과 인간의 악함 모두 더 높은 고지에 도달하며, 공동체에서 선에 대한 다양한 이해들 간의 갈등 그리고 경쟁적인 생동성의 표현들 간의 갈등은 더욱 비극적이다.

인간을 무해한 "본성"의 한계 안으로 국한시키거나, 인간의 모든 행동들을 침착한 신중함의 규율 아래로 끌어오려던 17세기의 노력에는 특별히 역설적인 요소가 있다. 한동안 민주주의적 사회철학은 무해한 개인, 즉 단순히 생존 충동에 의해서 움직이며, 기존에 조성된 자연의 조화가 보증하는 사회적 평화 속에서 살아가는 개인에 대해 얘기했었다. 그러나 자연과학의 발전은 인간이 자연의 힘들을 제어하여 사용할 수 있게 만들었으며, 과거보다 더욱 무제한적인 영역을 인간의 욕망과 야망에 부여할 수 있었다. 이에 따라 농업사회의 정적인 불평등이 산업시대의 동적인 불평등으로 바뀌었다. 기술 문명의 새로운 부(富)가 만들어낸 소유 충동의 무절제한 표출의 유혹은, 중농주의자들과 아담 스미스의 사회철학을 뒷받침하는 이념, 즉 본질적으로 온화하고 적당한 수준의 욕구들에 대한 이념과 특이하고도 역설적으로 모순을 일으킨다. 더 나아가서 기술사회는 사회적 결합의 새로운 형식, 즉 더욱 집중적인 형식을 발전시켰고, 자유주의 철학에 영향을 끼친 개인주의의 사회적 관계들에 대한 이해를 무시하면서 경제 과정의 중앙 집중화를 더욱 심화·발전시켰다.[4)]

파시즘 정치의 악마적 분노 안에서 집단적 의지는 무한한 야망과 제국주의적 욕망을 표출하며, 기술 문명의 도구들은 유사 이래 없었던 파괴적인 힘으로 이 의지를 무장시키는데 사용된다. 이러한 파시즘 정치의 악마적 분노는 무해하며 본질적으로 개인적인 인간 삶이라는 18세기와 19세기의 이해에 대한 우울한 역사적 반박이다. 인간의 욕망들은 민주주의 신조에서 이해되었던 것보다 더욱 집단적으로 표현되며, 신중한 계산의 규율 아래 조용히 남아 있으려 하지 않으며, 자연적 힘들을 더욱 좌지우지하며, 자연적 힘들에 의한 제한을 덜 받는다.

파시즘 정치의 분노는 인간 본성에 대한 민주주의적 견해를 특별히 생생하게 반박하고 있지만, 민주주의 문명 자체의 한계 안에서 이루어지는 발전들 역시 그에 못지않은 반박을 제시한다. 자유주의 신조는 어둠의 자녀들의 명시적인 도구가 결코 아니다. 그러나 놀랍게도 어둠의 세력들은 그 신조를 매우 광범위하

---

4) 따라서 거대한 재정적·산업적 독점 기구들로 구현된 집단형식인 "자유 사업들"은 정치적 통제로부터의 자유에 대한 욕구를 여전히 아담 스미스가 개인들을 위해서 마련해 놓았던 사회철학을 이용하여 정당화시킨다. 스미스는 그의 시대에 싹트기 시작했던 거대 사업에 대해서 매우 비판적이었으며, 거대 사업은 보험회사와 은행으로 한정되어야 한다고 생각했다.

게 은밀히 이용할 줄 안다. 따라서 단순한 사회적·정치적 조화에 대한 자유주의적 희망을 분석하는 일에 있어서, 그 희망의 기저를 이루는 보편주의적 전제들을 의식하고 있어야 하며 동시에 그 신조에도 불구하고 그 신조를 통해서(개인적으로 그리고 집단적으로) 필연적으로 우리 문화에서 표현되는 이기주의적인 부패들도 의식하고 있어야 한다. 이때 그 신조가 빛의 자녀들의 신조라는 것을 이해해야 한다. 그러나 또한 그 신조가 어둠의 세력들에 대한 빛의 자녀들의 맹목을 무심코 노출시킨다는 것 역시 이해해야 한다.

아담 스미스의 사회철학에는 공동체의 보존에 대한 종교적 보증이 들어있었으며, 또한 동시에 개인이 그 요구들을 고려해야 한다고 하는 도덕적 요구가 들어있었다. 종교적 보증은 세속화된 스미스 식의 섭리 이해에 담겨있었다. 스미스는 한 사람이 만약 사적 이익에 의해서 인도함을 받는다면 그 사람 역시 "그 자신의 의도가 아닌 어떤 목적을 촉진하는 보이지 않는 손에 의해서 이끌리고 있다"[5]고 믿었다. 물론 이 "보이지 않는 손"은 이미 설립되어 있던 사회적 조화의 힘이며, 그 힘은 사적 이익의 갈등들을 상호 봉사의 거대한 체계로 전환시키는 자연의 조화로 이해되었다.

이런 결정론에도 불구하고 스미스는 사람들이 더 넓은 차원의 이익을 위해서 자신들의 이익을 희생해야 한다는 도덕적 요구를

5) 『국부론』, 제4권, 7장.

사람들에게 부여하기를 주저하지 않는다. 스미스의 사상에 깔려 있는 보편주의적 전제는 다음과 같은 요구에서 명백하게 나타나 있다. "현명하고 도덕적인 사람은 자신의 사적 이익들이 그의 특별한 사회적 질서가 요구하는 공적 이익을 위해서 희생되어야 한다는 것을 항상 기꺼이 수용하며, 또한 이 사회의 질서가 요구하는 이익들은 국가의 더욱 큰 이익을 위해서 희생되어야 한다는 것을 항상 기꺼이 수용한다. 그렇게 함으로써 그는 동시에 저 모든 하위의 이익들이 더욱 큰 우주의 이익들을 위해서 희생되어야 하며, 모든 감각적·지성적 존재들의 거대한 사회의 - 하나님 자신이 바로 직접적인 관리자이며 감독관인 그 사회의 - 이익을 위해서 희생되어야 한다는 것을 기꺼이 받아들여야 한다."[6)]

스미스의 구상에서 "보다 넓은 이익"은 한 국가의 경계에서 멈추지 않는다는 것을 유념해야 한다. 그의 구상은 실제적인 보편주의를 의도하고 있었다. 자유방임주의는 개별 국가 내에서 이익들을 자연스럽게 조화를 이루게 하는 것뿐만 아니라 세계 공동체를 설립하는 것을 의도하고 있었다. 스미스는 분명히 빛의 자녀들에 속한다. 그러나 어둠의 자녀들은 스미스의 신조를 잘 이용할 줄 알았다. 개인의 경제적 자유를 보증하는 것을 의도했던 신조가 후대 자본주의의 거대한 기업 구조들의 "이데올로기"가 되었고, 그리하여 그것은 거대한 기업 구조들이 그들의 권력에 대한 적절한 정치적 통제를 막는데 사용되었으며, 지금도 여전히

---

6) 위의 책, 제5권, 1장, 3부.

그렇게 사용되고 있다. 국제적 조화에 대한 스미스의 꿈은, 국제적 자본주의가 세계 전역으로 자신의 권력을 확장시킴에 있어서 어떤 도덕적 거리낌이나 정치적 규제에도 전혀 아랑곳하지 않는 슬픈 현실로 바뀌었다. 경제적 세력들의 자유로운 활동의 기반 위에 세워지는 사회의 민주적인 조화에 대한 그의 꿈은 서양 세계에서 계급투쟁이라는 비극적인 현실에 의해서 부정되었다. 개인적·집단적 이기주의는 보통 이 신조의 정치철학을 수용했지만 그 안에 담긴 도덕적 이상론은 항상 거부했다.

정치이론으로서의 자유주의는 - 경제이론으로서의 자유주의와는 구분된다 - 특수 이익들과 보편 이익들이 동일하다는 확신을 가지고 있다. 이 확신은 이기주의의 자연적 제한들에 의거하기보다는, 이기주의를 보편적 복지에 대한 관심으로 전환시키는 이성의 능력에 의거하거나 혹은 사회에서 의지들 간의 잠재적인 갈등을 극복하는 정부의 능력에 의거하고 있다. 그러나 이 확신이 이성에 의거하고 있든, 정부에 의거하고 있든 제재를 받아야 하는 이기주의의 실제적인 성격은 오로지 자연적 생존 충동의 차원에서만 종종 측정되었다. 따라서 "자연 상태의 불편"을 극복하기 위해서 정부가 필요하다고 생각한 존 로크(John Locke)도 사적 이익과 보편 이익 간의 갈등을 "자기 보존"이 타인들의 이익과 대조를 이루는 낮은 차원에서만 고찰하고 있다. 따라서 그는 타인에 대한 의무감을 이기주의와 보다 넓은 차원의 이익 사이의 궁극적인 갈등을 가정하지 않는 방식으로 표현할 수 있었다. 그는 이렇게 주장한다. "각 사람은 자신을 보존하고 자신의 존속을 고의로 끝내지 말아야 할 의무를 가진다. 자기 보존이 경쟁 관계로 내몰리지 않는 한에서는 그가 자신을 보존할 수 있는 만큼 나머지 인류도 보존해야 한다."[7] 이것은 명백히 도덕적 냉소주의의 신조가 아니다. 그렇다고 해서 이것이 보편적 의무감에 대한 심오한 표현도 아니다. 인간 역사에서 개인들 간에 혹은 집단들 간에 생기는 거대한 의지의 갈등들의 대부분은 "자기 보존"이 직접적으로가 아니라 오로지 간접적으로 관여되어 있는 차원에서 발생하기 때문이다. 그러한 갈등들은 경쟁적 욕망과 야망들의 갈등이다.

사적 이익과 공공복지의 동일성에 대한 일반적인 확신은 자유민주주의 정치이론의 토대를 이루는데, 이것은 토마스 페인(Thomas Paine)의 간단한 신조에 간결하게 표현되어 있다. "공익은 개인의 이익과 반대되는 용어가 아니다. 그와 반대로 그것은 모든 개인 집합체의 이익이다. 그것은 모든 사람의 이익이다. 왜냐하면 그것이 각 사람 모두의 이익이기 때문이다. 공공의 몸체는 각 개인의 집합체이듯이 공익은 그런 개인들의 집합적 이익이다."[8]

특수 이익과 보편 이익의 동일성이 궁극적으로 참이 되는 점이 있다고 하더라도, 그 동일성이 직접적인 상황에서는 결코 절대적으로 참이 되지 않는다. 그리고 직접적인 상황에서 타당하게 요

7) 존 로크, 『통치론』(Two Treatises on Government), 제2권, 2장, 6부.

8) 토마스 페인, 『정부, 은행, 지폐에 관하여』(Dissertations on Government, The Affairs of the Bank, and Paper-Money, 1786).

구될 수 있었던 것과 같은 그런 동일성이 특수 이익의 지지자들에 의해서 보통 인식되지 않는다.[9] 인간 지성은 자유민주주의 이론이 가정하는 만큼 그렇게 순수한 보편적 관점의 도구가 아니다. 물론 그렇다고 해서 토마스 홉스(Thomas Hobbes)와 마틴 루터(Martin Luther)와 같은 사람들의 비관론에서 비롯된 반(反)민주주의 이론이 가정하는 만큼 인간 지성이 순전히 에고(ego)의 도구도 아니다.

사적 이익과 보편적 이익의 동일성에 대한 민주주의의 신념의 가장 어리숙하고 순진한 형태는 18세기와 19세기의 공리주의자들에 의해서 태어났다. 그들의 이론은 의무의 개념을 위한 모든 논리적 추정을 실제로 결여하고 있으며 논리적으로 이기주의를 벗어날 수 없는 쾌락주의적 도덕 분석으로부터 "최대 다수의 최대 이익"이라는, 은밀히 표현된 의무감을 용케 추출해낸다. 따라서 공리주의는 빛의 자녀들의 어리석음을 가장 생생한 형태로 표현하고 있다. 전통적인 윤리학자들은 아마도 쾌락주의적 강령을 어둠의 자녀들의 신조라고 지적할 것이다. 쾌락주의적 강령이 이

9) 전시(戰時)에 국가들이 맞닥뜨리는 인플레이션 위험이 여기서 말하는 경우이다. 각 단체는 더 큰 수입의 보장을 추구한다. 그리고 만약 모든 단체들이 성공한다면, 증가한 수입과 소비자의 수요를 만족시킬 수 있는 제한된 소비상품 사이의 간격이 점점 넓어질 것이며, 급기야 모든 단체들이 높아진 가격으로 고통을 겪는 지경에 이를 것이다. 그러나 이런 점이 근시안적인 단체들이 공공복지를 위협하는 특별한 이점(利點)들을 추구하는 것을 단념시키지 않는다. 이점을 이용하기를 원하는 단 하나의 단체에만 이런 상황이 제한될 수 있다면, 그런 특별한 이점이 전체의 복지를 위협하지도 않을 것이다. 문제는 다음과 같은 사실에 의해서 더욱 복잡해진다. 인플레이션의 위험이 결코 "정의로운" 사회적 상황에서는 전개되지 않는다는 사실이다. 그래서 어떤 단체들은 공공의 사회적 펀드에서 자신이 받게 될 몫이 전체적 상황이 "얼어붙기" 전에 증가되는 것을 요구할 도덕적 권리를 가진다. 하지만 이런 절차가 전체 공동체를 위협하기 전에, 전시에 공공 펀드를 보다 잘 분배함으로써 얼마만큼의 "부정의(不正義)"가 바로잡아질 수 있을지를 도대체 누가 알 수 있겠는가?

기주의로부터 벗어날 탈출구를 가지고 있지 않기 때문이다. 하지만 쾌락주의적 강령은 스스로가 그런 탈출구를 가지고 있다고 생각하므로, 그것은 어둠의 자녀들의 사악함을 드러낸다기보다는 빛의 자녀들의 어리석음을 드러낸다. 어둠의 자녀들은 그런 신조를 아주 잘 이용할 수 있다는 점이 당연히 지적되어야 한다. 공리주의는 신중한 태도로 자신의 이익보다 더 넓은 차원의 이익에 어떻게든 봉사하는 현명한 이기주의자에 대한 신념을 갖고 있다. 아담 스미스 역시 자연의 섭리법칙들이 이기심을 억제하므로 현명할 필요도 없는 무해한 이기주의자에 대한 신념을 갖고 있었는데, 공리주의의 신념은 아담 스미스의 신념과 함께 정확하게 동일한 정치철학을 뒷받침했다. 따라서 자유방임주의 정치철학을 지지하는 아담 스미스의 영향력에 제레미 벤담(Jeremy Bentham)의 영향력이 보태졌다. 그리고 발전하는 산업주의로 인해서 경제적 세력들에 대한 도덕적·정치적 제한들이 - 덜 필요했던 것이 아니라 - 오히려 더 필요했던 바로 그 역사적 시점에 이 자유방임주의의 정치철학은 인간 욕망의 무제한적 표출을 부추겼다.

민주주의적 이상주의자들이 인간의 실제적 행동과 이에 대한 그들의 이해 사이의 차이를 설명하라는 요구를 받았을 때마다, 그들이 진화론적 희망에 의존했다는 점이 또한 인지되어야 한다. 그들은 다음과 같은 윌리엄 갓윈(William Godwin)의 입장을 수용했다. 인간 역사는 합리성의 형태를 향해서 나아갈 것이며, 마침

내 사적 이익과 공익의 완전한 일치를 성취할 것이다.[10)]

민주주의적 사고방식의 기초인 낙관주의적 신조가 미치는 영향력의 가장 주목할 만한 입증은 아마도, 표면적으로는 이에 대한 반란으로 보이는 마르크스주의가 동일한 낙관주의를 다른 형식으로 어떻게든 표현해내고 있다는 점에서 드러난다. 자유민주주의자들은 단순한 사회적 조화를 꿈꾸었으며, 그리고 그것이 냉정한 신중함과 계산적인 이기주의에 의해 성취될 것이라고 기대했다. 하지만 실제적인 사회 역사에서 드러난 것은, 농경사회들의 정적인 계급투쟁이 동적인 투쟁의 화염으로 부채질되고 말았다는 점이다. 자유주의적 낙관주의자들의 신조가 덫이며 망상이라는 것을 자신들의 비참한 처지에 대한 경험을 통해서 알게 되었던 계급들의 사회적 울분과 사회적 신조가 마르크스주의다. 마르크스주의는 민주주의 사회에서 사회적 갈등이 점점 더 공공연해질 수밖에 없으며, 그래서 마침내 싸움을 통해서 비참한 결론에 이르게 될 것이라고 주장했다. 하지만 마르크스주의는 다음과 같은 확신도 가졌다. 사회의 하층계급들이 승리를 거둔 후에는 새로운 사회가 출현할 것이며, 아담 스미스가 어떤 사회에서든지 실현 가능하다고 간주했었던 것과 같은, 모든 사회적 세력들 사이의 조화가 수립될 것이다. 전통적인 자유방임주의 이론과 마르크스주의의 무정부적 천년왕국 비전의 유사성은 - 피상적 차이성들에도 불구하고 - 중요한 의미를 지닌다. 따라서 잠정적으

10) William Godwin, *Political Justice, Book VIII, ch. ix.*

로 냉소적인 입장을 취하는 레닌은 현대 사회에서 사회적 갈등들의 모든 복잡함을 빈틈없이 예리하게 추적할 수 있었지만, 그는 동시에 마르크스주의자들의 무정부적 천년왕국에 도달할 역사적 시점이 마침내 혁명에 찾아올 것이라는 유토피아적 희망을 표현할 수 있었다. 레닌은 이렇게 선언했다. "힘에 대한 모든 필요가 사라질 것이다. 왜냐하면 사람들이 힘이나 복종이 없이도 사회적 실존을 위한 기본적 조건들을 준수하는 일에 점차로 익숙해질 것이기 때문이다."[11)]

민주주의적 자유주의에 대한 로마 가톨릭의 혹평과 마찬가지로 마르크스주의에 대한 로마 가톨릭의 비판도 타당하지 않다. 마르크스주의가 도덕적 냉소주의의 신조라고 하는 비난은 정당화될 수 없다. 하지만 그 신조가 내포하고 있을 수 있는 잠정적인 냉소주의의 정도가 아무리 강하다고 해도, 그것은 감상주의이지 냉소주의적 신조가 아니다. 마르크스주의자들도 역시 빛의 자녀들이다. 하지만 그들의 잠정적인 냉소주의마저도 그들을 다른 부류의 어리석은 빛의 자녀들의 일반적인 어리석음이나 운명으로부터 구하지 못했다. 그 운명이란 바로 그들의 신조가 어둠의 자녀들의 수단과 도구가 되는 것이다. 새로운 과두정치가 러시아에서 일어나고 있는데, 그 정신적 특징이 미국의 19세기 말과 20세기 초의 "야심가들"의 특징과 거의 구분되지 않는다. 그리고 역사적 관점에서 볼 때 나폴레옹이 18세기의 자유주의적 몽상가

---

11) Lenin, *Toward the Seizure of Power,* Vol. II, p. 214.

들과 가졌던 관계를 스탈린은 초기 마르크스주의 몽상가들과의 관계에서 가지게 될 것이다.

IV

민주주의 이론은 자유주의적 형태든 보다 근본적인 형태든, 개인과 국가 공동체 사이의 아주 단순한 조화를 추구함에 있어서 어리석을 뿐만 아니라 국가 공동체와 국제 공동체 사이의 관계를 분석함에서도 어리석다. 여기서도 역시 근대 자유주의적 문화는 도덕적 냉소주의 흔적을 거의 보이지 않는다. 도덕적으로 자율적인 근대 국가가 분명히 생겨났다. 그리고 그 근대 국가는 자신의 이익 너머에 있는 법의 존재를 인정하지 않는다. 국가들의 실제적인 행실은 냉소주의적이었다. 하지만 자유주의적 문명의 신조는 감상적이었다. 이것은 단지 경제 제국주의나 국제 공동체에서 국가 이기주의의 은밀한 형태들을 설계한 자들에 의해서 이용되는 신조들의 이론가들에만 해당되는 것이 아니다. 이것은 명시적인 국가 이기주의의 지지자들에 의해서 전용당하는 이론가들에게도 해당된다. 이탈리아 민족주의의 역사에서 본다면 마치니(Mazzini)로부터 무솔리니(Mussolini)로 직접 이어지는 계보가 그려진다. 하지만 마치니의 사상에는 도덕적 냉소주의의 흔적이 없

었다. 그와 반대로 그는 순수한 보편주의자였다.[12)]

독일 나치주의의 신조에 특별한 공헌을 하여 정당화를 제공했다는 비난을 받아왔던 독일 낭만주의 철학마저도 어둠의 자녀들의 사악함보다는 오히려 빛의 자녀들의 어리석음을 드러내고 있다. 물론 이 낭만주의 운동의 마지막 결실에는 도덕적 허무주의의 어조가 강하게 들어있다. 니체에게서 우리는 그런 어조를 발견할 수 있다. 물론 니체조차도 민족주의자는 아니었지만 말이다. 하지만 초기 낭만주의자들은 대개 동일한 개인주의와 보편주의의 조합을 표현하는데, 이런 조합은 서양 세계의 더욱 자연주의적이고 합리주의적인 민주주의 이론의 특징이다. 피히테는 개인과 공동체의 갈등을 "정의로운 법률"이라고 하는 아주 손쉬운 도구를 통해 해결할 수 있다고 여겼다. 그 갈등을 해결해주는 도구는 공리주의자들이 제안한 신중한 이기주의자의 계산만큼이나 손쉬운 해결책이었으며, 그리고 각 개인의 의지가 가지는 가장 좋은 목적들을 성취시켜줄 "일반 의지"라는 루소의 개념만큼이나 손쉬운 해결책이었다. 이것은 인간 실존에 대한 맹신의 끝이 되는 공동체의 신조가 아니다. 그 이론은 더욱 개인주의적이

---

12) 마치니는 이렇게 썼다. "당신의 첫째 의무는 인류에 대한 것이다. 당신은 시민이자 아버지이기 이전에 사람이다. 만약 당신이 애정으로 전체 인류를 품지 않는다면, 만약 당신이 인류라는 가족의 통일성에 대해 증언하지 않는다면, 만약 당신이 할 수 있는데도 불행한 사람을 기꺼이 돕지 않는다면, 당신은 생명의 법을 어긴 것이며, 미래의 인도자와 복이 될 그 종교를 이해하지 못한 것이다."
마치니는 왕들이 국가 이기주의에 대해서 책임이 있다고 여긴다. "[사적 이익에 대한] 치명적인 예배에서 첫 번째 제사장들은 왕들과 군주들, 그리고 악한 정부였다. 그들은 무시무시한 규칙을 만들어냈다. 그것은 각 사람이 자기 자신을 위한다는 것이다. 그들은 그렇게 하면 이기주의를 만들어내게 될 것임을 알고 있었고, 또한 이기주의자와 노예 사이에는 거의 차이가 없다는 것을 알고 있었다." *The Duties of Man, ch.xii.*

고 더욱 자연주의적인 형태들의 민주주의 신조보다 실제로 진실에 가까웠다. 왜냐하면 낭만주의는 개인이 자신의 성취를 위해서 공동체를 필요로 한다는 것을 이해했기 때문이다. 따라서 종종 근대 문화에서 국가 절대주의의 아버지로 간주되었던 헤겔조차도 이렇게 생각했다. 민족 국가는 "합리적인 의지를 부양한다. 물론 이때 그 합리적 의지는 개인에게서 오로지 암묵적으로, 자신에 대한 의식과 이해 및 자기 발견에 도달하려는 보편적 의지이다."[13]

이것은 개인의 권리를 부정했던 집단적 이기주의의 신조가 아니었다. 오히려 그 이론은 더욱 순수한 민주주의적 신조와 달리 개인의 사회적 성취의 필요성을 이해했으나, 또한 더욱 자유주의적인 이론들과 마찬가지로 이것을 너무 지나치게 단순한 과정으로 간주했다.

만약 이 이론이 근대의 종교적 민족주의의 신조처럼 개인의 소멸을 향한 것이 아니라면, 그것은 어느 정도까지 보편적 공동체에 반대하는 것이었을까? 그것은 국가 공동체가 자신 위에 있고 자신을 넘어서는 어떤 이익이나 법을 부정하는 표현이었을까? 이 역시 그렇지 않다. 헤르더(Herder)는 "국가들은 평화롭게 이웃하여 있으며 가족처럼 서로를 도울 것이다. 국가들이 상호 피를 흘리는 전투의 관계에 있다고 말하는 것은 가장 야만적인 인간의 언어"라고 생각했다. 하지만 불행히도 이것은 종종 언어의 야만

---

13) *Philosophy of Mind, Sect. II,* par. 539.

성 그 이상이다. 헤르더는 보편주의자로서 다양한 공동체들 사이의 멋진 조화가 성취될 수 있을 것이라고 생각했다. 물론 그러기 위해서는 공동체의 독창적이고 특수한 천재성에 따라서 공동체가 자신을 표현할 수 있는 권리가 상호 간에 반드시 보장되어야 한다고 여겼다. 그는 한 공동체가 다른 공동체들에 대한 표준이자 지배자가 되는 제국주의의 거짓된 보편주의는 단지 거짓된 철학의 결과라고 생각했다. 하지만 그것은 사실 인간의 집단생활에서 계속해서 반복적으로 나타나는 부패들 중의 하나다.

피히테 역시 국가 공동체를 초월하는 도덕적 의무들을 전적으로 의식하고 있던 보편주의자였다. 모든 빛의 자녀들과 마찬가지로 그의 문제는 국가와 국가들의 공동체 사이의 갈등에 대해 지나치게 손쉬운 해결책을 제시했다는 것이다. 그는 철학, 특히 독일 철학이 국가의 이익과 보편적 이익의 종합을 성취할 수 있다고 생각했다. 그래서 그는 이렇게 확고하게 말했다. "애국자는 인류의 목적이 무엇보다도 먼저 자신이 구성원으로 있는 그 국가에서 도달되기를 희망한다. … 이 목적은 애국자에게 유일하게 가능한 목표이다. … 사해동포주의(四海同胞主義)는 삶의 목적과 인간의 목적이 모든 인류 안에서 도달될 것을 의욕하며, 애국주의는 이 목적이 무엇보다도 먼저 우리가 구성원으로 있는 국가에서 도달될 것을 의욕한다."[14] 피히테가 국가적 자부심을 자신의 주장에서 어느 정도 표현했다고 해서, 그런 주장을 국가적

---

14) "Patriotrische Dialoge," in *Nachgelassene Werker, Vol.III,* p. 226.

이기주의로 간주하는 것은 불합리하다. 그의 자부심은 독일 철학이 독일로 하여금 다른 국가들보다 인류 공동체에 대해 더욱 완전한 관계를 성취할 수 있게 했다는, 일종의 자기만족적인 모양새를 취했다. 달리 말해서 피히테는 자신들이 숙고하고 있었던 문제의 어려움을 이해하지 못했던 수많은 어리석은 빛의 자녀들 중 한 명이었다. 그리고 이상을 제시하는 바로 그런 이상주의자들의 생각과 행동에서 이상에 대한 암묵적인 부정의 의미를 포착하지 못한 것도 그의 맹목성에 속한다.

헤겔 역시 빛의 자녀들에 속한다. 확실히 그는 보편적인 공동체의 이익들을 보호하며 국가들의 의지를 검토하게 될, 보편적인 균형을 갖춘 법적인 조직을 구축할 가능성이 거의 없다고 보았다. 그는 이렇게 선언했다. "국가들은 상호 간에 법적인 관계보다는 자연적 관계에 놓여있다. 따라서 국가들 사이에 싸움은 끊이지 않는다. … 국가들은 권력을 통해서 자신들의 권리를 유지하고 확보한다. 따라서 국가들은 필연적으로 전쟁에 뛰어들 수 밖에 없다."[15] 헤겔의 입장은 지금까지 고려되었던 그 어떤 이론가들의 입장보다 국제관계의 실제적인 현실을 더욱 정확하게 묘사한 것이라고 할 수 있다. 하지만 문제는 헤겔이 이런 현실적인 상황을 도덕적으로 규범적인 것이라고 간주했느냐는 것이다. 이 문제와 관련해서 헤겔의 입장은 모호하다. 한편으로 그는 국가 위에 존재하는 미완의 공동체를 법적으로 혹은 정치적으로 완

15) *Saemtliche Werker, Vol.III,* p. 74.

성할 길이 없다고 보았기 때문에 국가의 요구들을 최종적인 것으로 간주하는 경향을 보인다. 하지만 다른 한편으로 그는 더욱 궁극적인 법이 국가 위에 존재한다고 믿었으며, "최고의 절대적 진리를 보유하고 있는 세계정신의 영역, 곧 세계사(Weltgeschichte)에서 그 궁극적인 법이 실제적인 내용을 가지고 있다"고 믿었다.[16] 그는 이 정신이 "친히 국가들에 대한 절대적인 판단을 구성한다"고 믿었다. 따라서 국가는 도덕적으로가 아니라 정치적으로 자율적이다. 이것은 결코 도덕적 냉소주의의 강령이 아니다. 이것은 상당히 감상적인 강령이다. 헤겔의 생각에 의하면, 정치적 억제들에서는 자유롭지만 도덕적으로는 그렇지 않은 국가는 "세계사의 관점에서(in Weltgeschichte)" 사고(思考)함으로써, 즉 자신이 인류와 맺는 관계를 온전히 의식함으로써 "스스로의 확고한 보편성을 유지할 수 있다."[17] 헤겔의 실수는 피히테의 실수와 매우 비슷하며 - 자연주의적이든 이상주의적이든, 실증주의든 낭만주의든 - 모든 보편주의자들의 실수와 매우 비슷하다. 그 실수는 사적 이익을 초월하는 인간의 능력에 너무 지나치게 의존한 것이다. 확실히 그런 능력은 존재한다. 만약 그런 능력이 없다면 인간들 사이에 그 어떤 사회적 조화도 불가능할 것이며, 민주주의적 유형의 조화도 거의 생각될 수 없을 것이다. 하지만 이런 능력을 가진 동일한 사람이라고 해도, 그가 사적 이익의 힘을 표출하고,

16) *Philosophy of Right*, par. 33.

17) *Philosophy of Mind*, Sect. II, par. 552.

사적 이익에 마음을 복종시킴에 있어서 다양성을 보인다. 때때로 이런 이기주의가 그 공표된 이상(理想)과 노골적으로 충돌하거나, 보다 높고 넓은 가치들에 대한 책임감과 적나라하게 충돌하기도 한다. 하지만 때때로 이런 이기주의가 그 이상을 자신의 도구로 이용하기도 한다.

이런 사실을 깨달았던 것은 근대 문화의 몇몇 비관주의자들이었지만, 그들은 이로부터 비민주주의적이고 때로는 완전히 냉소적인 결론들을 도출해내고 말았다. 실제적으로 모든 학파의 민주주의 이상주의자들은 이 명백한 사실을 전혀 감지하지 못한 채로 그럭저럭 남아 있으려고 했다. 따라서 민주주의 이론은 역사적 사실들과 일치하지 않았다. 민주주의 이론의 이런 심각한 결함이 부르주아 시대의 전성기에는 비교적 해를 끼치지 않았다. 그때에는 민주주의 문명의 젊음과 힘이 모든 판단의 잘못과 마음의 혼란들을 능가했기 때문이다. 하지만 오늘날에는 부르주아 문명의 거짓된 것이 조장하는 파괴성으로부터 민주주의적 삶의 소중한 것을 구해내는 것이 중요한 일이 되었다. 따라서 민주주의적 삶에서 참된 것과 민주주의 이론에서 거짓된 것을 구분하는 것이 중요해졌다.

민주주의 문명을 보존하기 위해서는 뱀같이 지혜롭고 비둘기같이 해악이 없는 태도가 요구된다. 빛의 자녀들은 어둠의 자녀들이 가진 지혜로 무장해야 한다. 하지만 이때 어둠의 자녀들이 가진 악의(惡意)로부터는 자유롭게 남아 있어야 한다. 빛의 자녀들은 인간사회에서 사적 이익이 지닌 힘을 알고 있어야 한다. 물론 그렇다고 해서 그것을 도덕적으로 정당화해서는 안 된다. 빛의 자녀들은 반드시 이 지혜를 보유해서, 사적 이익을 달래고, 그 방향을 돌리게 하고, 그 힘을 이용하고, 또 그것을 제지해서 개인적으로나 집단적으로 공동체를 위하도록 만들어야 한다.

2장 개인과 공동체

2장

개인과 공동체

I

우리가 앞에서 본 것처럼, 부르주아 민주주의는 일차적으로 중세 세계의 전통적인 문화적·사회적·정치적 제지로부터의 자유를 개인에게 부여하기 위해서 세워졌다. 18세기의 민주주의 이상주의자들은 개인과 공동체 간의 중대한 긴장을 예상하지 않았다. 왜냐하면 그들은 개인적이든 사회적이든, 삶의 중심부로부터 생겨날 수도 있는 불확정적 생동성과 야망들을 알아차리지 못했기 때문이다. 그들은 개인적 야망으로부터 생겨날 수 있는 무정부주의적 위험을 두려워하지 않았다. 왜냐하면 그들은 "자연"이나 "이성"에 대한 인간의 관계에서 인간 본성의 능력을 긍정적으로 평가했기 때문이다. 그들은 그 둘 중의 어느 하나가 과도한 야망을 적절하게 통제해줄 것이라고 믿었다. 간단히 말해서 그들은 인간이 본질적으로 길들여 있으며 냉정하고 계산적이라고 믿었다. 그리고 개인의 이기주의가 자연의 자기 보존의 충동의 한계들을 넘어서지 않을 것이라고 믿었다.

그들은 공동체의 집단적 이기주의의 힘과 야망을 두려워하지 않았다. 왜냐하면 그들이 개인에 대한 부당한 정치적 제지들을 그런 제지들의 특정한 형태들, 다시 말해서 봉건주의 경제 질서나 군주제 정치 질서에서 보았던 형태들의 제지들과 연관해서 생각했기 때문이다. 그들은 자신들이 민주주의적 정부의 헌법 원리들에 의해서 공동체의 권력을 최소치로 축소시켰고, 이에 따라 정부가 오로지 소극적인 권력만을 가지게 하여, 논쟁의 조정자 역할 혹은 최소한의 질서를 유지하는 교통경찰과 같은 역할로 제한시켰다고 생각했다.

물론 인간 삶의 역동적 성격을 이해했던 근대의 현실주의자들과 비관주의자들이 있었다. 그들은 인간의 야망이 쉽게 과도해질 수 있으며, 그래서 공동체의 평화를 위태롭게 할 수 있을 것이라고 생각했다. 이런 비관주의자들이 민주주의를 반대하는 정치 이론들을 구상했다. 그들은 오직 강력한 정부, 곧 경쟁자들 위에 군림하면서 그들을 억누를 정부만이 공동체의 평화를 유지할 수 있게 할 것이라고 믿었다. 불행히도 이 비관주의자들은 낙관주의자들의 망상만큼이나 통탄할 만한 것으로 입증된 두 가지 잘못으로 빠져들고 말았다. 그들은 오직 억압이라는 부정적 과업만을 정부에 할당했다. 또한 그들은 공동체 자체나 그 지배자들이 지나친 야망을 품을 수 있고, 그로 인해 개인의 권리와 이익을 위태롭게 할 수 있기 때문에 그런 야망을 검토하고 조절하는 방안을 마련해야 했지만, 그렇게 하지 못했다.

첫 번째 잘못은 지나치게 일관적인 그들의 비관주의에 기인했다. 루터와 토마스 홉스의 경우(인간의 본성을 순전히 비관적으로 분석했던 종교적 입장과 세속적 입장)에 인간의 욕망이 천성적으로 과도한 것으로 간주되었고, 인간 성품은 팽창하는 욕망을 내적으로 검토하고 조절하는 능력을 실제적으로 가지고 있지 않는 것으로 믿어졌다. 그들의 견해에 따르면 정부의 과제는 억압으로 질서를 유지하는 것이다. 정부가 반항을 진압하는 권력을 가져야 한다는 것이 옳다고 해도, 정부는 보다 긍정적인 기능도 가져야 한다. 정부는 공동체 안에서 갈등하고 경쟁하는 세력들을 보다 높은 질서의 이익으로 인도하고 지도하고 방향을 바꾸게 해야 한다. 정부는 개인이 가지고 있는 반사회적인 욕망과 야망들에 대응하는 무기들뿐만 아니라 공동체에 대한 개인의 책임감을 표현하는 도구들도 마련해야 한다.

두 번째 잘못은 모든 형태의 절대주의적 정치이론들이 가지고 있는 도덕적인 순진함과 어리숙함을 드러낸다. 여기서는 국가 공동체와 보편적 공동체가 동일시된다. 그리하여 국가도 역사에서 자기중심적인 세력이라는 사실이 인식되지 못한다. 이로써 국가가 한편으로는 개인과의 관계에서 그리고 국가 공동체 안의 하위 기구에 대한 관계에서 지나치게 무조건적인 입장을 요구하려는 유혹에 빠진다. 그리고 다른 한편으로는 국제 공동체에서 무정부 상태의 원천이 되려고 하는 유혹에 빠진다. 게다가 여기서는 한 공동체의 지배자 혹은 지배적 위치에 있는 과두의 이익이 너무나도 단순하게 공동체의 이익과 동일시된다. 이리하여 모든 지배자들을 유혹하는 권력에 대한 지나친 충동을 통제하는 검토 체계가 제공되지 않는다.[1] 이 두 번째 잘못은 비관주의자들뿐만 아니라 몇몇 낙관주의자들에 의해서도 저질러질 수도 있다. 루소의 정치이론은 소위 분쟁 중에 있는 개인적 의지들의 최종적 조화인 "일반 의지"라는 개념을 담고 있다. 이 개념은 존재하는 모든 공동체에서는 의지들의 갈등이 있다는 사실을 인식하지 못하게 만들며, 승리한 의지는 적어도 부분적으로는 그 의지를 표현할 도구를 가진 지배적 과두에 의해서 만들어졌고 확고해졌다는 사실을 인식하지 못하게 만든다. 민주주의 사회에는 아마도 지배자들의 의지와 다수의 의지 사이에 어느 정도 의견의 일치가 있을 것이다. 그러나 루소의 개념은 소수에 대한 부적절한 안전장치를 제공하는 헌법적 형태들로 귀결된다.

마르크스주의 사회이론은 루소의 사상과 현저한 유사성을 보인다. 이 사회이론은 사회주의 사회에서 지배적 단체가 생길 것이라는 것을 예상하지 못했다. 지배적 단체가 생기면, 이론들은 지배자들의 주도권을 인식하지 못하게 만들도록 강요되며, 또한 지도자들이 제시하는 정책들은 군중들이 생각했던 것의 표현물을 대변하고 있는 것처럼 보이도록 강요된다.[2]

---

1) 토마스 홉스는 지배자의 이익과 공동체의 이익을 다음과 같이 믿기 어려운 말로 동일시한다. "군주제에서 사적 이익은 공적 이익과 동일하다. 왜냐하면 신민들이 가난하거나 약하거나 경멸을 받는 상황에 있다면, 그 신민들의 왕은 결코 부유해질 수도, 영화로워질 수도, 안전할 수도 없기 때문이다." *Leviathan*, ch. 19.

2) 시드니 웹과 베아트리체 웹(Sidney and Beatrice Webb)이 소비에트의 5년 계획을 묘사한

민주주의가 순전히 초기 민주주의 이론의 기반에서는 입증될 수 없다. 홉스와 루터에 의해 포착된 인간 본성에 대한 몇 가지 사실들이 고려되어야 한다. 이런 사실들은 민주주의 사회의 성취가 이상주의적 민주주의 이론이 가정하는 것보다 더욱 어렵다는 것을 입증한다. 하지만 이런 사실들은 또한 민주주의 사회가 더욱 필요하다는 것을 입증한다. 민주주의 사회는 개인에게 지배자의 지나친 야망에 저항하는 정치적·헌법적 권력을 무기로 제공하며, 그리고 자유를 희생시키면서까지 질서를 성취하려는 공동체의 경향성을 검토하고 조절하는 정치적·헌법적 권력을 무기로 제공하고 있다는 점은 확실히 민주주의를 지속적으로 정당화시켜주는 요인이다.

II

민주주의 이론가들이 인간의 생동성이 지닌 전체적 차원들과 역동적 성격을 파악하는 일에 실패했던 반면에, 비민주주의적인 입헌주의자들은 개인의 생동성과 야망이 지닌 파괴적인 가능성들은 보았지만 창조적인 가능성들을 보지 못했으며, 강력한 정부의 필요성은 보았지만 그 위험성을 보지 못했다. 집단적 형태

것에는 이처럼 어리석게 순박한 망상이 표출되고 있다. 참고. *Soviet Communism: A New Civilisation, Vol.II,* ch. viii.

의 야망이 지닌 위험들에 대한 생각에 사로잡혀 있을 때, 사회이론들은 질서를 희생시키면서까지 자유를 강조하며, 마침내 무정부주의 철학에 도달한다. 반면에 개인적 과도함의 위험들에 대한 생각에 사로잡혀 있을 때, 무정부 상태에 대한 두려움은 독재를 묵인하는 결과를 낳을 수 있다.

실제로 인간의 생동성들은 개인적인 중심부와 집단적인 중심부 모두에서 다양한 방향으로 표현되며, 양자 모두 예상할 수 없는 창조적인 결과들과 파괴적인 결과들을 만들어 낼 수 있다. 창조성과 과도함 사이에 분명한 선을 단순히 그을 수 있는 것이 아니다. 초기 이집트와 바벨론 제국들의 제사장적·군사적 조직들은 창조적인가 파괴적인가? 그 조직들은 새롭고 방대한 공동체들을 창조했다. 하지만 또한 그 공동체들을 창조해내었던 바로 그 권력이 마침내 그 공동체들을 파괴했다.

민주적인 일치의 문제들이 완전히 이해되려면, 인간 생동성들의 비결정적인 성격이 - 가장 정신적인 형태들의 생동성을 포함해서 - 다양한 차원에서 고려되어야 하며, 특히 세 가지 측면들이 고려되어야 한다.

(1) 개인은 (다양한 차원들과 외연에서) 공동체에 연결되어 있는데, 그 연결 방식은 다음과 같다. 개인의 개성이 가장 높이 도달할 수 있는 범위는 사회적 실체에 의존한다. 그 사회적 실체로부터 개인의 개성이 도달할 수 있는 범위들이 생겨나며, 공동체 안에서 최종점과 완성을 발견할 수밖에 없다. 공동체에 대한 친밀성의 정도에 대해서 단순한 한계를 지워줄 수 없으며, 개인이 자신

의 삶을 위해 필요로 하는 공동체의 넓이와 크기에 대해서 단순한 한계를 지워줄 수도 없다.

(2) 인간 생동성의 개인적 중심부와 집단적 중심부들은 끝없이 정교하게 만들어질 수 있다. 이런 정교화가 불가피하게 도달하기 마련인 그 한계에 대한 어설픈 설정은 적절한 형태들의 삶과 문화를 파괴하고 억압한다. 하지만 인간의 창조성과 관련된 이런 능력은 또한 인간 생동성의 파괴적 능력을 내포하고 있다. 생동성들은 과도하게 개발될 수 있다. 생동성의 다양한 형태들은 상호 간의 갈등에 빠질 수 있으며, 또 때로는 한 형태가 다른 형태를 부적절하게 억압할 수 있다. 다양한 형태들 간의 긴장이 공동체의 조화와 평화를 위협하거나 파괴할 수 있다. 역사의 비결정적인 창조성은 자유로운 사회 혹은 민주주의 사회에 대한 생각을 정당화시킨다. 그런 사회는 인간의 생동성을 어설프게 점검하고 통제하려는 것을 거부하기 때문이다. 이런 생동성의 파괴적인 가능성들은 민주주의를 성취하는 것이 일반적으로 가정하는 것보다 어려운 일이라는 것을 입증하고 있다.

(3) 개인적 생동성은 가늠할 수 없을 정도로 삶의 모든 사회적·공동체적 구체성들을 뛰어넘는다. 자연의 과정을 능가하는 인간 정신의 자유는 역사를 가능하게 만든다. 역사적 과정에 대한 개인의 초월적 관점은 역사를 영속적으로 창조적이게 만들며, 새로운 형태들을 만들 수 있게 한다. 하지만 그것은 또한 개인이 결국 역사 자체보다 우세하고 유리한 입지를 점하고 있다는 것을 의미한다. 인간은 삶의 의미에 대한 질문들을 제기할 수 있으

며, 그 질문들에 대해서 역사의 과정이 적합한 대답을 제시할 수 없는 경우도 있다. 그리고 역사의 도덕적 모호성에서는 충족될 수 없는 의미의 완성을 인간은 추구할 수 있다. 이런 사실은 근대 민주주의적 이상주의가 가진 "세속주의"를 부정하며, 인간이 한계들 안에 스스로를 국한시켜야 사회와 역사에서 더욱 창조적이게 될 것이라는 잘못된 믿음을 거부한다. 세 가지 형태의 비결정적 가능성들은 보다 더 자세히 연구되어야 할 것이다.

III

개인과 공동체는 많은 차원에서 상호 간에 연결되어 있다. 개인의 양심과 의식이 도달할 수 있는 최고의 범위는 사회적 경험에 근거를 두고 있으며, 그 궁극적인 의미는 공동체와의 관계에서 발견된다. 개인이 그의 사회적 역사를 완전히 초월하는 것처럼 보이는 최고의 독창성에 도달할 수 있다고 해도, 개인은 사회적·역사적 과정 전체의 산물이다. 개인의 개별적인 결정과 성취는 공동체 밖으로 성장한다. 뿐만 아니라 공동체 안으로도 성장한다. 그리고 그 최종적인 의미를 공동체 안에서 발견한다. 최고 형태의 예술마저도 예술가의 시간과 장소를 드러내는 도구와 형식, 특징적인 통찰과 양식을 사용한다. 그리고 만약 어떤 최고의 예술이 개인적 통찰의 가장 높은 정점에 이를 정도로 성장한다면, 보편적 타당성에서도 상응하는 높이를 얻을 것이다. 그리고 어떤 특정한 시기의 경험을 보여주거나 관통하기보다는 어떤 보편적 경험을 보여줄 것이다. 그래서 더욱 영속적이고 광범위한 공동체의 삶을 분명히 보여줄 것이다. 그런 점에서 셰익스피어는 엘리자베스 시대 영국의 산물이며, 세르반테스는 사라지고 있던 스페인 봉건주의 토양의 산물이다. 하지만 이들이 가진 각자의 독창성은 보편적인 관점으로 승화되며, 그 결과 모든 시대와 모든 문명 공동체는 그들의 덕을 보게 된다.

부르주아 민주주의의 개인주의는 사상적으로 인간 실존의 사회적 실체를 오해했으며, 현실적으로 인간 실존의 사회적 실체를 최소치로 축소시켰다. 그런데 이 부르주아 민주주의의 개인주의는 봉건주의에 대한 봉기의 초기에는 충분히 개연성이 있는 것으로 보였던 환상들로부터 유래했다. 새로운 상업적 문명은 개인들에게 직업 선택에서 과거의 농업 공동체보다 더욱 넓은 다양성을 제공했다. 장인(匠人)의 능숙함과 무역업자의 기술은 사람들에게 새롭고 더욱 유연한 형태의 사회적 권력을 부여했다. 그리고 산업적·상업적 부는 과거 지주의 부보다 더욱 동적이고 역동적이었다. 새로운 도시 공동체들은 익명성의 조건들을 만들어내었으며, 이로 인해 시골 공동체에서 삶을 훈계했던 가족과 씨족에 대한 유기체적 유대관계들이 파괴되었다. 도시 사람들은 이전에 자신의 삶을 형성했을 뿐만 아니라 제한하기도 했던 과거의 사회적 제약들로부터 독립하게 된 것을 기뻐했다. 역사는 실제로 개인의 지배 아래에 있는 것처럼 보였다. 개인의 선택의 폭은 더욱 넓어졌으며, 사회에서 개인의 입지는 세습적인 영향보다는 자신의 주도성의 결과처럼 보였다.

자연에 대한 인간의 의존마저도 도시에서 깨어진 것처럼 보였다. 파종과 추수의 리듬, 상현달과 하현달의 리듬은 도시 사람의 관심으로부터 매우 멀어졌다. 대지에 대한 종교적 경외심, 인간의 통제 너머에 있는 자연의 힘 앞에서 가지는 경외감, 그리고 자연의 수혜에 대한 감사의 마음, 이런 것들이 모든 시대에 걸쳐서 추수의 축제에서 경축되어 왔지만, 이제 도시의 생활에서 위축되었다.

이리하여 부르주아의 자급자족에 대한 의식이 창출되었다. 그리고 인간의 자유는 증가했다. 하지만 자유민주주의 사상에서 생각했던 정도로까지 증가했던 것은 아니다. 개인적 자급자족에 대한 이런 이상(理想)에서 특별히 안쓰러운 측면은, 초기 부르주아 문화가 기술문명의 유년기였다는 - 인간이 더욱 거대한 역사적 힘들에 직접적으로 연결되어 그런 힘에 의존하게 되는 기술문명의 유년기였다는 - 점이었다. 이 문화는 결국 단찌히에 대해서 아무것도 알고 싶어 하지 않았던 프랑스인들 그리고 체코슬로바키아에 대해서 아무것도 알고 싶어 하지 않았던 영국인들이 바로 이 지역들에 단초를 두었던 광범위한 전쟁으로 이끌려 들어갔던 시대에 막을 내렸다.

개인이 역사적 운명을 통제할 수 있다는 부르주아적 의식이나, 자급자족하는 개인에 대한 자유주의적 관념은 시민 정부의 근원에 대한 "사회계약론"에 훌륭하게 표현되어 있다. 이 이론이 표면적으로는 민주주의 정부를 정당화하고 있다(하지만 홉스는 공동체의 권위를 우선시하는 가운데 개인의 자유를 개인이 거부하게 함으로써 독재 정치의 창출을 정당화하는데 이 이론을 이용했다). 하지만 이 이론은 실제로 정부의 근원과 본성에 대한 개념 그 이상의 것을 담고 있다. 이 이론은 공동체들이 – 단지 정부들만이 아니라 – 인간 의지의 지시에 의해 만들어졌다고 가정한다. 따라서 이 이론은 공동체들이 본래 원자화된 개인들의 도구로 남아있다는 환상을 영속화시킨다. 원자화된 개인들은 그들의 공동생활을 위한 최소치의 질서와 같은 것을 만들어내기 마련이다. 아마도 어떤 제한 지역에 많은 개인들이 현존한다면 "교통 법규"를 필수적으로 만들어낼 수밖에 없다는 것이다.

이 이론은 완전히 인간 공동체의 원시적 성격을 이해하지 못하게 만들며, 인간 결정들에 영향을 미치는 역사적 운명의 힘을 파악하지 못하게 만든다. 한 공동체나 그 공동체의 정치적 성격에 대한 인간의 모든 결정은, 그 결정이 이루어지기 전에 존재했던 공동체의 현실들의 빛 안에서 항상 이루어졌으며, 그 현실들에 의해서 항상 제한되었다. 역사에는 자유가 있다. 그렇지 않다면 혈족과 군생(群生)으로 모인 씨족 공동체들이 제국이나 민족과 같은 더욱 넓은 공동체들로 발전해가지 못했을 것이다. 그런 넓은 공동체들에서는 인간 지성이 자연적으로 원래 제공된 최소치의 사회적 결속력에 다양한 인공적 요소들을 가미할 수 있었어야 하기 때문이다. 그러나 역사에 절대적 자유는 없다. 왜냐하면 모든 선택은 자연과 앞선 역사가 결정의 순간에 제공하는 것들에 의해서 제한되기 때문이다. 오늘날에도 정치인들은 국제적 정치 사안을 다룰 때 인간의 결정에 대한 자연의 제한들을 대변하는 인종적·지리적 요소들을 고려해야 한다. 그리고 그들은 이전 역사의 시간들이 창조해 놓았던 친밀성들과 적의감들을 계산에 넣어야 한다.

개인이 표면적으로는 공동체에서 벗어나서 자신의 독립성과 독창성을 더욱 많이 수립하면 할수록 그는 상호 봉사의 더욱 큰 체계에 더욱 많이 의존하게 된다. 바로 여기에 부르주아 개인주의에 대한 중요한 반박이 놓여 있다. 인간은 결코 개인적으로 자급자족인 적이 없다. 하지만 과거의 목축·농경사회들에서는 현재에 가능한 것보다 더욱 작은 단위의 자급자족을 할 수 있었다. 개인의 삶에서의 독특한 재능들의 전문화나 특별한 기술들의 발달은 개인을 지지해줄 수 있는 더 큰 공동체가 요구된다는 것을 의미한다. 또한 그것은 더 큰 공동체를 협업의 한 단위로 묶을 수 있는 도구들과 기술들이 창출된다는 것을 의미한다. 물론 더 큰 공동체의 삶에 질서를 부여하는 정치적 기술들이, 더 큰 질서를 요구하는 잠재적 사회를 창출하는 과학적 기술들보다 항상 뒤처져 있다는 것은 인정되어야 한다.

개인적 독창성의 정점을 뒷받침하는 토대의 확보를 위해서 개인이 공동체에 의존하는 것이나, 개인적 생동성의 독특하고 특별한 형태들이 창출되게 하는 재료들이 제공되는 것은 개인적 실존의 부분적인 목표와 정당화 그리고 그 성취를 가능하게 하는 공동체를 향한 개인의 욕구에 부응한다. 개인의 자급자족에 대한 이상이 자유주의 문화에서는 매우 칭송을 받지만, 그것이 그리스도교적 사상에서는 원죄의 한 형태로 인식된다. 모든 죄의 뿌리인 자기 사랑은 두 가지의 사회적 형태를 취한다. 그 중 하나는 타인의 삶에 대한 자아의 지배이다. 다른 하나는 고립주의의 죄이다. 자아는 오직 자아에 대한 지속적인 초월에 의해서만 참된 자아가 될 수 있다. 자아 초월은 신비주의적 내세주의로 끝나거나 아니면 타인의 삶 안에서 자아의 무한한 실현으로 바뀌어야 한다. 사람들은 자신의 가족과 공동체에 대해 가지는 책임성으로 인해 자신의 존재를 벗어나서 자신의 참된 존재가 된다. 인간 자유의 무한한 성격은 이 사회적 책임성의 강도(强度)와 외연에 어떤 제한을 가하는 것을 불가능하게 만든다(그래서 우리는 공동체에 대해서 언급하면서 그 한계선을 지정하지 않았다. 가족과 국가가 대부분의 사람들에게 공동체의 내적·외적 한계가 되었다. 하지만 우리는 심사숙고하여 그 한계를 지정하지 않고 남겨 두었다. 우리는 동료에 대한 인간의 책임성이나 동료를 돕고자 하는 인간의 욕구에 결국 한계를 설정할 수 없다는 사실을 고려해야 하기 때문이다).

정부의 사회계약론을 조장했던 분위기가 마침내 부르주아 문화 전성기에 가족의 삶에 대해서도 유사한 이론을 만들어냈다는 사실은 의미심장하다. 이 이론은, 두 사람이 취소 가능한 계약에 의해서 성적인 동반자 관계를 설정할 수 있으며, 각 동반자에게 자유가 가능한 한 많이 확보될 수 있는 한도에서 그 계약이 유지되어야 한다고 주장한다. 하지만 건강한 결혼은 취소 불가능한 자녀들을 출산한다. 결혼은 결혼을 이끌어내었던 결정의 범위를 벗어나는 유기적인 과정의 상호관계성이 시작되게 한다. 이것은 결혼이 사실상 깨어졌음에도 불구하고 모든 결혼이 해체불가능하다거나 법적으로 유지되어야 한다는 것을 말하는 것이 아니다. 하지만 사회적 관계의 유기적 성격은 확실히, 가장 유기적인 형식들의 공존에서조차 개인의 자유를 보존해야만 하며, 자유로운 개인은 결혼 관계에서 "절충되었던" 절대적 자유를 되찾아 올 수 있는 영구적인 가능성에 몰두해야만 한다고 주장하는 자유로운 개인에 대한 근대적 관념을 거부한다.

마르크스주의적 집단주의는 전반적으로 부르주아 개인주의에 대한 건전하며 불가피한 봉기였다. 산업 노동자라는 새로운 계급은 근대 산업 공장의 집중적인 공존의 생활에서 개인적인 독특성과 자유의 한계들을 발견했다. 그들은 자신이 구성원이라고 생각했고, 다른 사람들 중의 한 명이라고 생각했다. 또한 그들은 인간의 결정들이 영향을 미치고 방향을 바꾸게 할 수는 있지만 부정할 수는 없는 역사적 운명의 거대한 세력들에 대해서 참된 관계를 맺고 있다고 느꼈다. 운명과 결정의 관계에 대한 그들의 감각은, 도시의 사람들이 - 부르주아든 프롤레타리아든 - 품기 쉬운 생명과 역사에 대한 기계론적 생각에 때때로 물들기도 했다. 따라서 마르크스주의자들은 사회의 "운동 법칙들"에 대해 말했다. 그리고 그들은 사회의 역동성들이 마치 사회적 물리학의 문제인 양 그것들을 이해하려고 시도했다. 그러나 기껏해야 마르크스주의는 개인의 자급자족에 대한 환상들을 거부함으로써 역사에서 운명과 결정 사이에 적절한 변증법적 균형을 보존했을 뿐이다.

마르크스주의는 종종 어둠의 자녀들로 분류되었다. 그들은 집단을 악마적으로 찬양하면서 개인의 존재감을 말살한 야만인들이라는 것이다. 하지만 만약 집단주의자와 마르크스주의자 사이의 차이가 현실에 있어서 항상 아주 큰 것이 아니라고 한다면, 이론상으로는 여전히 그 차이가 아주 크다고 말해야 할 것이다. 현실에서의 유사성은 이론상으로 오로지 임시성을 띠어야 하는 독재정치가 실제로는 영속화된다는 사실에 기인한다. 이론상의 차이는 마르크스주의가 실제로 개인과 공동체 간의 완벽한 조화를 갈망한다는 점이다. 마르크스는 다음과 같이 선언한다. "우리는 개인과 대립되는 추상적인 '사회'를 세우지 않도록 항상 주의해야 한다. 개인은 사회적 단위이다. 따라서 개인의 삶의 표현은 사회의 삶의 표현이자 입증이다."[3)]

이 희망으로 마르크스주의는 모든 개인적 실존의 사회적 성격을 옳게 이해하고 있다. 그러나 개인과 공동체 사이에 마찰이 없는 조화와 일치에 대한 꿈은 망상이다. 그 오류는 부분적으로 마르크스주의자들이 가지고 있는 확신, 곧 지배의 경향성은 인간 사회의 계급투쟁에 의해서 유발되었으며, 그것은 지배 계급을 파괴하는 혁명과 더불어서 사라질 것이라고 하는 확신의 결과이기도 하다. 마르크스주의 이론에 전제되어 있는 인간 의식에 대한 유물론적 이해는 모든 사회적·역사적 삶의 구체성에 대한 개인적 의식의 창조적인 초월성과 파괴적인 초월성을 이해하지 못하게 만든다. 인간의 삶은 부르주아 민주주의 이론이 제공하는 것보다 더욱 유기적이고 더욱 상호적인 형식을 필요로 한다. 그러

3) *Oekonomische-philosophische Manuskripte*, p. 117.

나 삶의 사회적 실체는 마르크스주의의 사회적 조화에 대한 꿈에서 예상되는 것보다 더욱 풍부하고 다양하며, 더욱 심오한 깊이와 긴장을 가지고 있다.

IV

부르주아 사회이론이나 마르크스주의 사회이론이 개인적인 관점이나 집단적인 관점으로 표현될 때에 드러나듯이, 두 이론 모두 역사적 생동성들의 비결정적 가능성들을 평가함에 있어서 결함을 드러냈다. 이때 이 결함은 두 이론이 모두 인간을 이해하려는 시도에 있어서 인간 정신의 최종적 차원, 곧 인간 자신이 결부되어 있는 자연적 과정들과 역사적 과정들 모두를 넘어서는 인간의 초월적 자유를 고려하지 않았던 것에 기인한다. 이 자유가 바로 인간 역사에서 나타나는 창조적인 가능성들과 파괴적인 가능성들, 둘 다를 설명해주는 요인이다. 부르주아 자유주의와 마르크스주의의 차이점은 다음에 있다. 전자는 경쟁적 경제생활의 세계를 본질적으로 길들여져 있는 것으로 혹은 길들여질 수 있는 것으로 간주하는 반면에, 후자는 이 투쟁의 모든 악마적 분노에 주목하면서 그 최종적인 붕괴를 예상한다는 것이다. 하지만 마르크스주의는 혁명의 다른 측면에서는 인간이 길들여지며 사회적이라고 기대한다. 마치 아담 스미스와 제레미 벤담이 혁명의 이런 측면에서 인간은 길들여져 있으며 신중하다고 가르쳤던 것과 같은 입장이다. 따라서 두 이론 사이의 차이는 특수한 사회적 상황에 대한 상반된 평가를 유발한다. 하지만 이들 사이의 유사성은 인간과 역사의 궁극적인 상황에 대한 동일한 평가에서 드러난다. 마르크스주의가 꿈꾸는 사회적 조화는 인간 자유의 파괴적인 힘을 제거할 것이다. 하지만 그것은 또한 인간 생활의 창조적인 가능성들도 파괴할 것이다. 마르크스주의 이론이 특별한 상황에 적용될 때, 예를 들어 이상적인 사회의 신기한 "전조(前兆)"라고 하는 러시아에 적용될 때, 자유주의 이론이 현대의 자본주의 사회를 다룰 때와 마찬가지로, 그런 사회 안에 작동하는 실제적인 역동적 힘들을 오판하는 일들이 많이 발생한다.

인간의 야망, 욕망, 공포, 욕구가 가진 확장적 성격은 인간이 관여된 물리적·자연적·역사적 과정에 대한 인간 정신의 비결정적 초월성의 결과이다. 인간의 모든 욕구와 생동성은 핵심적인 자연적 필요성을 가지고 있으며, 인간의 정신적 전이성(轉移性)이 이런 자연적 핵심 요소를 결코 제거하지 않는다. 굶주림, 성(性), 생존의 충동들은 인간 생동성의 기초를 이룬다. 하지만 그것들은 끝없이 세련되게 만들어진다. 이것이 바로 심리학이 자연적 "본능들" 혹은 "우성(優性) 반사작용들"을 정의할 때 결코 절대적인 정확성을 기할 수 없는 이유이다. 성적 충동이 인간에게서는 동물에게서와 같이 결코 순수하게 생물학적이지가 않다. 그것은 창의적으로 예술적 충동에 연관되며, 가족 조직의 토대가 된다. 그리고 그것은 다시 인간 공동체의 보다 큰 조직들의 핵이 된다. 하지만 성은 또한 인간의 왜곡된 집착이 될 수도 있다. 자연의 경제는 다양한 생동성들이 사전에 조화를 이루도록 되어 있는 것을 보존하려고 하는 반면에, 인간은 자신의 삶을 과도하게 한 충동으로 집중화시킬 수 있는 자유를 가지고 있기 때문이다.

경제적 욕구들은 결코 단순히 인간 삶에 있는 굶주림과 생존 충동의 표현이 아니다. "권력과 영광"에 대한 욕구들이 더욱 원시적인 충동과 미묘하게 결합되어 있다. 사자의 식욕은 사자의 위가 가득 차면 만족된다. 인간의 식욕은 인간의 다른 욕구들보다 한층 더 제한되어 있다. 하지만 굶주림의 충동은 대식가의 끝없는 세련화와 변태화의 지배를 받는다. 주거지와 의복은 음식보다 더욱 확장 가능한 한계를 가진다. 인간의 외투는 결코 단순히 자신의 벌거벗은 몸을 가려주는 망토가 아니다. 그것은 그의 직업을 보여주는 표시이거나, 예술가적인 충동을 드러내는 표현이거나 혹은 이성을 유혹하는 방법이거나, 자신의 사회적 지위를 입증하는 것이다. 인간의 집은 단순히 그를 보호해주는 은신처가 아니다. 그것은 의복의 경우보다 훨씬 더욱 자신의 인격의 표현이고, 자신의 권력과 지위와 위신을 표현하는 상징이기도 하다. 가난한 사람의 집들과 의복은 원래적인 "자연적" 필요에 더욱 근접하게 남아 있다. 하지만 그런 것들을 더욱 정신적이고 상징적인 어떤 것으로 전이시키려는 힘이 언제나 착취되었다는 사실이 중요하다.

이런 욕구들을 만족시키는 경제적 활동들은 그 욕구들 자체보다는 오히려 그런 욕구들의 전이(轉移)의 지배를 받는다. 산업이나 기술에서 모든 기술 혹은 기술의 조직화는 사회적 권력의 형태이다. 그런 사회적 권력은 모두 재산 취득을 통해서 스스로를 향상시키거나 안정화시키려고 시도한다. 만약 경제적 권력이 충분히 커진다면, 이제 그것은 스스로 정치적 권력으로 전이되려고 시도한다. 특정한 기능들 안에서 발생한 권력이 움직임이 가능할 정도로 충분히 강해지면, 권력은 공동체를 구성하는 일에 참여하려고 시도하기 마련이다. 그리하여 과거의 사회들은 각 시대에 가장 중요한 혹은 가장 지배적인 사회적 힘을 가지고 있었던 다양한 유형의 과두체제에 의해서 조직되었다. 초기 사회들은 제사장들과 전사들이 - 때로는 경쟁하면서, 때로는 협력하면서 - 조직하고 지배했다. 하지만 근대에는 상업적·산업적 과두체제가 부르주아 공동체에서 정치적 헤게모니를 부가적으로 획득하려고 추구했다. 원초적인 필요에 대한 만족이 특별히 공정한 형평성의 차원에서 성취된다면 사회적 마찰을 완화시킬 수 있다. 반대로 절멸 위기의 기근이나 기초적 필요를 만족시키는 것에 대한 위협은 갈등을 부추길 수 있으며, 사회적 투쟁을 그 원초적인 규모로 환원시킬 수 있다. 그러나 "경제적 풍요"가 사회적 평화를 보장할 것이라는 마르크스주의자들의 희망은 근거가 없다. 왜냐하면 사람들은 빵을 위하는 만큼이나 "권력과 영광"을 위해서도 필사적으로 싸울 것이기 때문이다.

자유로운 사회는 인간 생동성의 비결정적인 가능성들이 창조적일 것이라는 사실에 의해서 정당화되었다. 이런 생동성들에 부과되어야 한다는 규제들의 규정은 잠정적일 수밖에 없다. 왜냐하면 특수한 역사적 통찰들의 산물에 불과한 그 규정들이 절대화되고 고정된다면, 그것들이 적법한 생동성을 조급하게 구속하거나 억압할 수 있기 때문이다. 공동체는 공동체의 삶에 질서를 부여하는 전제들을 지속적으로 재검토해야 한다. 그 어떤 시대도 그 이후의 시대들에 일어날 수 있는 적법하고 창조적인 생동성들을 충분히 예상하거나 예측할 수 없기 때문이다.

한편으로 한 사회 안에서 자유의 제한들이 정당화될 수 있는 것은 생동성들이 파괴적일 수 있다는 사실에 근거한다. 우리는 고전적인 자유방임주의 이론에 대한 정당화가 인간의 열정이 자연적으로 과도하지 않으며 제한되어 있다는 잘못된 믿음에 근거하고 있다는 점을 이미 지적했다. 또한 인간의 생동성들이 가지는 무제약적 특성을 이해하면서도 무한정의 자유를 옹호하는 사회적 이론의 유형들도 있다는 사실이 아울러서 지적되어야 한다. 19세기에 중농주의자들이 아니라 오히려 다윈주의자들의 생각이 종종 자유방임주의 사회이론의 근거를 제공했다.[4] 다윈주의자들은 자연의 투쟁에 도덕적·역사적 의의를 부여했다. 그들은 인간사회가 거대한 도덕적·역사적 인공물이며, 그래서 다양한 생동성들 간의 자연적 갈등들과 경합이 완화되고 관리되고 중재되지 않는다면 그것은 파괴될 것이라는 점을 이해하지 못했다. 사회적 결속의 강도와 넓이 모두 역사적으로 창조되어 왔다. 이 역사적 결속의 배경에 대한 반대와 갈등은 자연 세계에서처럼 단

---

4) 인간 공동체가 적자생존의 희망 속에서 사회적 경쟁의 자유로운 놀이를 허용해야 한다는 생각에 대한 미국의 전형적인 대표자는 윌리암 그래함 썸머(William Graham Summer)였다. *What Social Classes Owe to Each Other* 참고.

순한, 혹은 개별적인 두 생명체 사이에서 일어나는 제한적인 갈등이 결코 아니다. 예를 들어서 경제력을 두고 벌어지는, 독점적인 작은 단위들 사이의 경쟁은 "자연적" 경쟁이 아니다. 한 경쟁자가 가지고 있는 불공평한 힘은 기술문명의 과정들에서 힘의 집중화의 경향성이 낳은 산물이다. 권력은 사회적·역사적 축적물이다. 그러면 공동체는 정의의 관점에서 예전 형태의 "공정 경쟁"을 다시 세우기 위해서 인위적으로 독점적 통제를 축소시킬 것인지, 아니면 경제력의 집중화 과정이 계속되도록 허용하여 독점적인 중심들이 모든 경쟁을 파괴하도록 하는 것이 더 현명한 일인지를 결정해야 한다. 하지만 두 번째의 대안이 선택된다면 공동체는 집중화된 경제력을 공동체적 통제 아래로 이끌어와야 하는 새로운 과제에 직면한다. 권력의 이런 역사적 경쟁들은 공동체에 의해서 관리되고 감독되고 억제되어야 한다. 왜냐하면 그 경쟁들이 "자연"의 한계들 안에서 움직이지 않기 때문이다. 전장(戰場)은 인간 공동체이지 동물들의 무리가 아니다. 그리고 경쟁자들은 역사적·공동체적 과정들로부터 도출되었던 권력들로 무장해있다.

근대 자유주의 이론들은 모두 암시적으로든 명시적으로든 역사적 과정의 무정부주의적 정점을 예상하고 있다. 하지만 그 이론들이 공동체를 자연의 차원으로 환원시키면서 자연의 갈등들이나 조화들을 규범적인 것으로 간주하는 그런 이론들로만 제한되지 않았다. 그 이론들 중 다수는 발전하는 이성에 대한 신뢰를 가지고 있다. 이러한 이론들은 이성이 힘을 발휘하여 점진적으로 사회적 긴장과 갈등을 제거할 것이며, 질서 유지를 위해서도 강압의 사용을 미연에 방지할 것이라고 여긴다. 이성은 잠정적으로 특수 이익에 반대하는 보편 이익의 기관이다. 그리고 성장하는 합리성이 이런 방식으로 확실히 인간 공동체의 확장에 기여해 왔다. 심지어 실천적 이성도 이 목적에 기여했다. 왜냐하면 그것이 보다 큰 공동체들을 함께 상호 의존하는 하나의 단위로 묶어주는 기술적·정치적 도구들을 제공했기 때문이다.

하지만 이성이 점진적으로 구체성에서 분리되어간다는 증거는 없다. 이성은 항상 유기적으로 특정한 생동성의 중심에 개인적으로 혹은 집단적으로 연관되어 있다. 따라서 그것은 항상 특정한 생동성이 경쟁하는 생동성들을 공격하고 자신을 방어하기 위해 사용하는 무기다. 그뿐 아니라 이성은 경쟁적인 생동성들 사이에서 중재하는 초월적인 힘이기도 하다. 고차원의 이성은 제왕적인 자아의 지배 영역을 쉽게 확장시킬 수도 있으며, 전체적 조화의 관심으로 확장적인 욕구들을 쉽게 완화시킬 수도 있다. 국가적이든 국제적이든 어떤 공동체도 결국 강압으로 확장적인 충동들을 제한할 수 없다면 공동체의 질서가 유지될 수 없다.

하지만 공동체의 강압의 전략들이 어떻게 판단되며, 그것들이 어떻게 과도해지는 것을 막을 수 있는지에 대한 질문이 생긴다. 만약 통치자들과 공동체가 그 자체로서 역시 생동성의 중심점이며, 확장적인 충동의 중심이라고 한다면, 그리고 그들이 규제적인 권력을 사용하는 것이 공동체 안에서 삶의 올바른 질서를 규정하는 일반적인 정의(正義)의 원리들에 의해서 영향을 받지 않는다면, 그 규제적인 권력의 사용은 자의적인 것이 되지 않을까?

사실은 존재하는 공동체들 중 자신들의 역사적 법률들을 초월하는 정의에 대한 생각을 가지고 있지 않은 곳은 없다. 정의에 대한 생각들에 의하여 그 공동체들은 자신들이 입법한 법률들이 얼마나 정의로운지를 측량하려고 시도한다. 그런 일반적인 원리들이 가톨릭 사상이나 초기 자유주의 사상에서 자연법이라고 알려졌다. 현재의 자유민주주의 사상에서 도덕이론은 이전의 세기들만큼 자연법의 타당성을 호소하기에는 너무 상대주의적으로 흘러가버렸다. 그렇지만 모든 인간사회는 여전히 자연법 개념과 같은 것을 가지고 있다. 왜냐하면 명백하게 상대적인 법들로 구체화된 정의의 원리들보다 더욱 불변하고 순수한 정의의 원리들이 있다고 모든 인간사회는 가정하고 있기 때문이다.

민주적인 자유사회의 지지자들이 직면하는 마지막 질문은 한 사회의 자유가 이런 원리들을 의문시 하는 지점으로까지 확장되어야 하는지의 여부에 관한 것이다. 이 원리들은 비판이나 개정의 범위 너머에 서있어야 하지 않는가? 만약 이 원리들 자체가 민주적인 과정들의 지배를 받는다면, 그리고 이 원리들이 다양한 공동체들과 시대들의 분위기나 변덕에 의존한다면, 우리는 정의와 질서의 궁극적인 척도, 즉 개인적인 충동들과 집단적인 충동들에서 과도함의 경계를 설정할 수 있는 기준이 될 수 있는 척도를 희생시키게 되는 것은 아닌가?

바로 이 질문에서 가톨릭 그리스도교는 근대 자유주의 의미에서의 민주주의 사회에 대한 예상들과 관련해서 어려움을 겪는다. 최근의 미국 주교들의 발언에서 드러나듯이 가톨릭 그리스도교는 "옳고 그름"의 문제들이 다수결의 변덕에 끌려 다닐 수 있다고 우려한다. 가톨릭은 자연법의 원리들이 고정되어 있고 불변한다고 믿기 때문이다. 그런데 바로 이런 믿음은 18세기의 세속적 중농주의자들도 공유하는 것이었다.[5] 가톨릭은 민주주의 사회의 자유가 자연법의 이런 원리들을 의문시하는 데까지 나아가서는 안 된다고 믿는다.

이런 질문에 대해서 우리 시대의 자유민주주의 전통은 다른 대답을 제공했다. 그 대답에 대한 근거들이 아주 신빙성이 높지는 않았다. 하지만 역사는 보다 나은 근거들을 제공했다. 부르주아 민주주의 이론이 절대적이고 무제한적인 자유에 대한 사상을 고수했다는 것은 사실이다. 그 이유는 부분적으로 그 이론이 사적인 판단의 무제한적 권리를 자유주의적 의미의 자연법에 의해 보증되는 "양도 불가능한" 권리들 중의 하나로 가정했기 때문이기도 하다.[6] 사적인 판단의 완전한 자유라는 원리를 그 이론이 고수했던 것은 또한 부분적으로 인간 이성에 대한 단순한 확신에 기인한 것이기도 했다. 이성이 제대로 계몽된다면 자연법의 "자

---

5) 가톨릭 이론은 자연법을 규범적인 것(prescriptive)으로 간주하며, "바른 이성"으로부터 파생된 것으로 여긴다. 반면에 근대 자연주의는 종종 자연법을 단순히 서술적인 것(descriptive)으로, 즉 인간이 자연의 사실들을 분석하면 관찰할 수 있는 법칙으로 정의한다. 자크 마래탱(Jacques Maritain)은 자연법을 다음과 같이 정의한다. 자연법은 "인간 이성이 발견할 수 있는 질서 혹은 배열이며, 그것에 따라서 인간 의지는 자신을 인간 존재의 필수적인 목적들에 조율시킬 수 있도록 행동해야 한다." *The Rights of Man and Natural Law*, p. 61.

6) 가톨릭이 이해하고 있는 자연법의 내용은 18세기가 이해했던 자연법의 내용과 매우 광범위한 차이를 드러낸다. 양쪽 입장에서 말하는 자연법의 내용들이 이성의 "자명한" 진리들을 대변하는 것으로 되어 있음에도 말이다. 이런 사실은 비판적인 학생들을 회의적이게 만들 것이다.

명한" 진리들을 확실히 긍정할 것이라는 것은 분명했다. 따라서 자연법의 명령들에 대한 가톨릭이나 자유주의의 신뢰는 인간 이성에 대한 "비(非)실존적" 묘사에 의존하고 있다. 가장 이상적이고 추상적인 도덕적 원리들이라고 해도 그 원리들의 역사적인 규정에 개입되어 있는 이익과 격정의 항구적인 부패들을 양쪽 모두 제대로 인식하지 못했다. 가톨릭이 계몽주의보다 평범한 인간의 이성을 덜 신뢰했던 것은 옳은 일이었다. 하지만 가톨릭이 자연법의 부패하지 않은 진리들을 보호해줄, 종교적 기구의 권위 영역을 보존하려고 추구했던 것은 옳지 않은 일이었다. 계몽주의는 지성의 보편적 확산이 자연법의 진리들을 보편적으로 수용 가능하게 만들 것이라는 그릇된 희망을 가졌다. 그러나 계몽주의는 민주적인 비판에 개방되지 않으려는 권위의 영역을 모두 거부했고, 이것은 옳은 일이었다.

이 최종적인 민주적 자유가 옳다고 말할 수 있는 이유는, 비록 근대에 이를 위해 제시되었던 이유들이 틀렸음에도 불구하고, 인간 실존의 유동성과 상대성에 연루되지 않은 역사적 실체가 - 그것이 교회가 되었든 정부가 되었든, 혹은 그것이 현자의 이성이 되었든 전문가의 이성이 되었든 - 존재하지 않으며, 과오와 죄에 얽매어 있지 않고 자신의 과오와 죄들이 비판 받지 않을 때 그 과오와 죄들을 미화하려는 유혹을 받지 않는 역사적 실체는 존재하지 않는다는 점에서 찾을 수 있다.

모든 사회에는 그 사회의 실증법과 규제의 체계에 대한 척도가 되는 정의의 원리들이 작동되어야 한다. 정의의 원리들 중 가장 심오한 것들은 실제로 이성을 초월하며, 존재의 의미에 대한 종교적 이해들에 뿌리를 둔다. 하지만 종교적 이해들에 기인하는 모든 역사적 진술도 항상 수정될 수 밖에 없다. 만약 그런 것이 고정된다면, 그것은 더 높은 정의(正義)의 가능성 일부를 파괴할 것이다. 한 세대의 정신으로서는 뒤이은 시대들의 삶에서 나타날 수 있는 더 높은 차원의 정의를 예측할 수 없기 때문이다.

알프레드 화이트헤드(Alfred Whitehead)는 "플라톤이 신과 공유했던 사변적" 이성과 "율리시스가 여우들과 공유했던 실용적" 이성을 구분했다.[7)] 둘 사이에 확고한 선을 그을 수 없다는 것에 대한 이해가 전제된다면 그 구분은 타당하다. 인간의 정신은 하나의 통일체이기 때문이다. 인간 이성의 불편부당과 무사무욕의 가장 완벽한 지점조차도 개인적으로든 집단적으로든, 경쟁적 관계에 있는 생명과 생동성에 대하여 자신의 불안정한 실존을 유지하려고 애쓰는 삶의 특수한 중심점과 유기적인 관계에 놓여있다. 한 특정한 시대가 "무사무욕"의 정의의 비전에 도달해서 개인적인 이익과 격정들이 완전히 초월되었다고 해도, 그 시대가 역사의 새로운 출현들을 판단할 수 있는 무사무욕의 높이에 도달할 수는 없다. 그 시대도 역시 새로운 생동성이 주는 위협에 반대해서 자기를 방어하는 수단으로 "자명한 진리들"과 "양도 불가능한 권리들"이라는 장치를 사용할 것이다.

이성은 사적 이익의 무기 그 이상의 어떤 것이기 때문에, 정의

---

7) *The Function of Reason*, pp. 23-30.

의 수단이 될 수 있다. 하지만 이성이 결코 개인적으로든 집단적으로든 삶의 생동성들로부터 분리되어 있지 않기 때문에 정의의 순수한 수단은 될 수 없다. 이성으로부터 도덕과 정치를 위한 절대적으로 타당한 원리들을 이끌어 내는 자연법 이론들은 우발적인 실제적 응용들을 원리 규정의 과정에 언제나 개입시킨다. 이것은 특별히 자연법이 도덕적 원리들만이 아니라 정치적 원리들을 규정할 때에도 그러하다. 정치적 원리보다는 도덕적 원리를 일반적으로 통용되는 용어로 언급하는 것이 더욱 쉽다. 표면상 쾌락 이외에 다른 선의 척도를 가지지 않는 쾌락주의 도덕이론조차도 "최대 다수의 최대 선"의 척도를 도덕적 가치를 평가하는 일에 개입시키려고 한다. 이때 도덕이론이 특수 이익보다는 보편 이익을 선호함에 있어서 실제적으로 만장일치가 될 것임이 입증된다. 물론 특수 이익이나 보편 이익에 대한 정의가 다양하게 이루어질 수 있다. 그러나 정치적 도덕성은 도덕적으로 모호할 것임에 틀림없다. 정치적 도덕성은 전체의 무난한 조화를 위해서 사적 이익을 단지 거절할 수만은 없고, 그것을 다른 방향으로 돌리고, 달래고, 활용하고, 이용해야 하기 때문이다.

순수한 도덕성의 원리들보다 본질적으로 더욱 상대적인 특성을 지니는 정치적 도덕성의 원리들은 상대적이고 우발적인 요소들이 도입되지 않고서는 논의될 수 없다. 순수한 도덕적 원리에 입각해서, 공동체의 이상적인 가능성은 모든 생동적인 능력들이 자신의 한계를 발견하고 전체의 조화 속에서 자신의 성취를 발견하는 것이라고 주장할 수도 있을 것이다. 그러나 정치적 도덕성에 관해서는 공동체의 최소치의 조화를 보존하기 위해 개인이 넘어설 수 없는 특정한 한계들에 대해서 언급해야 하며, 적절한 최소치의 개인적 자유를 보호하기 위해 공동체가 넘어서지 말아야 할 특정한 한계들에 대해서 언급해야 한다. 하지만 정부의 필요조건들과 위험성을 정확하게 규정한다고 하더라도, 그것은 항상 역사의 매 시대마다 너무 엄격한 질서나 잠재적 혼란이라는 상대적 위험의 역사적 제약을 받았다.

다른 실례를 하나 들 수 있다. 평등은 정의의 초월적 원리다. 따라서 이것은 자연법의 원리들 중의 하나로 바르게 간주되었다. 하지만 만약 자연법 이론이 절대적 평등은 사회의 가능성이라고 주장한다면, 그것은 기능적 불평등들이 모든 사회에서 필요하다는 것을 인식하지 못하는 일종의 반란자 단체의 이데올로기가 된다. 물론 공격을 받는 사회에서 그 불평등들이 과도할 수 있을 것이다. 다른 한편으로 기능적 불평등들이 정확하게 규정되어 있다면, 그 규정들은 그 규정들을 위태롭게 하는 문화의 지배 계층들이 소유하고 있는 어떤 기능적 특권들에 대한 의심쩍은 정당화를 포함하고 있기 마련이다.

비록 자연법 개념들이 특별한 계급이나 민족의 이데올로기적 오점(汚點)을 함유하고 있지 않다고 해도, 그것들은 새로운 역사적 가능성들을 고려하지 못했던 어떤 특정한 시대의 제한적 상상력을 표현하기 마련이다. 오로지 이것만이 민주주의 사회의 궁극적인 자유를 정당화할 것이다. 민주주의 사회에서는 사회가 의존하는 도덕적 추정들조차도 항시적인 정밀조사와 재검사를 벗어날 수 없다. 오직 그런 자유를 통해서만 역사의 새로운 생동성에 대한 선부른 저지가 예방될 수 있다.

어떤 사람은 도덕적 원리와 정치적 원리를 정의함에 있어서 점점 낮아지는 상대성의 정도를 지적할 수 있을 것이다. 도덕적 원리는 이 도덕적 원리로부터 파생된 정치적 원리들보다 더욱 타당할 수 있을 것이다. 정치적 원리들은 이 정치적 원리들을 특수 상황에 적합하게 만든 특수 응용들보다 더욱 큰 타당성을 가질 수 있을 것이다. 그리고 특수 응용들은 이 특수 응용들을 적용하거나 적용하려는 척하는, 한 시대의 사회적 헤게모니를 가진 자들의 충동들이나 야망들보다 더욱 큰 타당성을 가질 수 있을 것이다. 그러나 이처럼 점점 낮아지는 상대성의 정도에 대한 지적을 통해서 한 시대의 권력자들이 자신들의 권력을 위한 순수한 원리의 존엄성을 주장하는 것을 결코 막을 수 없다. 봉건사회의 사제들이나 대토지 소유 귀족들의 사회적·정치적 헤게모니보다 중세 자연법의 윤리적 내용들이 더 큰 타당성을 가졌다. 그리고 제퍼슨(Jefferson)이 생각했던 자연법에 인정될 만한 진리가, 제퍼슨의 원리들에 대한 호소를 통해서 자신들의 특권을 유지하는 우리 시대의 독과점 자본주의의 사회적 헤게모니에 인정될 만한 정의보다 더 크다. 궁극적인 원리들에 대한 비판을 저지하는 사회는 이런 진리들을 자신들의 특별한 소유물로 전용(轉用)했던 역사적 세력들을 다룸에 있어서 어려움을 면치 못할 것이다.

자유로운 사회에 대한 또 하나의 대조적인 정당화가 첨가되어야 한다. 가끔 새로운 진리는 오류를 매개로 역사에 출현한다.

권위주의적인 사회는 오류를 통해 새로운 진리의 출현을 막기도 했을 것이다. 경제생활은 자율적이며, 도덕적으로도 정치적으로도 통제를 받아서는 안 된다는 생각은 오류이다. 그 이유는 우리가 앞에서 논의했던 대로이다. 경제생활에서의 자기통제와 자기균형유지의 힘은 아담 스미스가 가정했던 것만큼 강력하지 않다. 이 오류가 전파됨으로 인해서 근대 생활에 큰 손해가 초래되었다. 하지만 진리의 씨앗이 이 오류 안에 포함되어 있었다. 만약 중세의 도덕적·정치적 통제들이 유지되고 있었다면 근대 상업과 산업의 복잡한 내용들이 발전할 수 없었을 것이다. 그리고 지금 우리가 모든 경제생활이 도덕적 규율과 정치적 규제를 따라야 한다는 것을 알고 있다고 해도, 우리는 경제과정에 존재하는 모든 자기통제를 보존하는 일에 신중을 기해야 한다. 만약 그렇게 하지 않으면 통제의 과업이 너무 방대해지며, 통제 기관들이 우리의 자유를 위험에 빠뜨리는 일에 한 몫 할 것이다.

근대 페미니즘의 진리가 역사 속으로 들어왔을 때도, 비유기적이며 자유주의적인 가족 개념의 오류들과 자연적 사실들을 거역하는 추상적 합리론의 오류들이 어느 정도 도움이 되었다. 어머니는 아버지보다 아이에게 생물학적으로 더욱 친밀하게 연결되어 있다. 이 사실은 여성의 직업적 자유를 제한한다. 왜냐하면 이 사실은 분명 단지 부업인 부성[*아이를 돌보는 아버지의 본분]보다 모성[*아이를 돌보는 어머니의 본분]을 더욱 배타적인 직업으로 만들기 때문이다. 여성들의 광범위한 권리들이 근대에 확보되었던 것에는, 자연이 여성에게 부여한 이런 제한을 거역한 것이 부분적으로는 기여했다. 하지만 인간의 인격성은 생물학적 기능을 넘어서 비결정적 자유에서 생겨난다는 것 또한 사실이다. 가족에 대한 여성들의 기능을 넘어서는, 자신들의 능력들을 탐구하고 개발하려는 여성들의 권리는 이전의 모든 사회들에서 부당하게 제한받았다. 이런 여성의 권리가 마침내 우리 사회에서는 승인되었는데, 이것은 부분적으로 부르주아 공동체가 가족의 유기체적 완전성의 진가를 어느 정도 알아보지 못했던 것에 기인한 것이기도 하다. 이 오류가 이런 시기에 억제되었더라면 여성들의 새로운 자유도 역시 억제되었을지 모른다. 여성의 자유로 인한 가족생활에 대한 위험을 인식했던 과거의 지혜에 남성 "이데올로기"의 오점이 없었던 것은 아니라는 점이 아울러서 지적되어야 한다. 남성과두지배체제는 역사의 새로운 출현에 맞서서 자신의 특권과 권력을 보존하기 위해서 자연법의 고정된 원리들을 이용했다.

이와 같이 인간의 생동성들에 대한 제한들을 단순하게 규정할 수 없다는 사실이 사회의 자유를 필수적인 것으로 만든다.[8)] 인간의 모든 생동성들은 규정된 제한들에 반항하는 경향성을 가

---

8) 자크 마래탱(Jacques Maritain)은 그의 책(*The Rights of Man and Natural Law*)에서 이렇게 쓰고 있다. "자연법은 앞에 언급한 것으로부터, 그리고 인간은 인간이라는 단순한 사실로부터 – 그밖에 다른 것은 고려되지 않는다 – 필연적인 형태로 귀결되는, 해야 할 것과 하지 말아야 할 것들의 앙상블이다." 인간은 인간이라는 것에 관한 사실들 중의 하나는 인간의 생동성들이 비결정적인 다양성에서 정교하게 될 수 있다는 것이다. 그것은 그의 자유의 결실이다. 이런 정교화가 모두 다 동등하게 건전하고 창조적인 것은 아니다. 하지만 인간의 개인적 · 사회적 실존의 최종적인 규칙들을 "필연적인 형태로" 끌어내는 것은 매우 어렵다. 글자 그대로의 엄밀한 의미에서의 "자연법들"과 인간의 자연적 본성의 자연법들 사이의 유사점들이 그토록 큰 혼란을 자아내게 하는 것은 바로 그 비결정성과 다양성이다. 자연을 초월하고, 또한 자신의 역사적 실존을 비결정적인 정도로까지 정교하게 만드는 것이 인간의 자연적 본성이다.

지고 있다. 이 사실이 모든 인간 공동체가 인간의 충동과 야망에 규제를 부여할 수밖에 없게 만든다. 하지만 공동체의 다양한 세력들이 자유를 향한 열정을 지나치게 가질 수 있는 것과 마찬가지로 공동체도 질서에 대한 열정을 쉽게 지나치게 가질 수 있다. 따라서 양쪽의 원리들 사이에 적절한 균형을 유지하는 것이 필요하며, 개인을 반대하는 공동체를 위해서 기꺼이 싸우는 만큼이나 동일하게 공동체를 반대하는 개인을 위해서 기꺼이 싸우는 것이 필요하다. 자유와 질서의 적절한 균형에 대한 규정은 한쪽의 위험이 더 크게 보이고, 그래서 다른 쪽의 안전을 더 우선시하도록 만드는 긴급한 계기들에 의해서 항상 어느 정도 영향을 받을 것임에 틀림없다. 따라서 자유와 질서에 제한을 설정하는 도덕적·사회적 원리도 자유로운 사회에서는 항구적인 재검토 대상이 되어야 한다. 우리 사회에서 이 재검토는 실제로 너무 오랫동안 지연되어 왔다. 이로써 공동체에 대한 지배를 목전에 두고 있는 경제적 세력들은 전통적인 자유 개념들에 대한 호소를 통해서 자신들의 권력에 대한 공동체적 통제를 막을 수 있었다.

V

개인이 공동체에 유기적으로 연관되어 있기는 하지만, 인간의 자유에는 개인이 자신의 공동체와 역사의 전체적 과정을 초월하는 지점이 있다. 근대 민주주의 이론은 너무 세속화되어서 인간의 자기초월이 가진 온전한 높이를 이해하지도 측정하지 못했다. 이것이 바로 근대 민주주의 이론이 개인을 자기 목적으로 삼는 개인주의와 공동체를 개인의 목적으로 간주하는 집단주의 사이에서 동요하는 경향을 가지는 이유이다.

공동체적·사회적 과정을 넘어서는 개인의 궁극적인 초월성은 오로지 개인의 자유를 지지해주고 그것에 의미를 부여해주는 의미의 세계를 알고 있는 종교적 문화 안에서만 이해되고 보호될 수 있다. 고대 제국들에서 삶에 대한 종교적 해석들이, 예를 들어 이집트의 태양신 레(Re)에 대한 숭배에서처럼 너무 순전히 정치적으로 되었을 때, 개인들이 정치적 상황의 우여곡절들을 넘어서는 삶의 최종적인 의미와 성취를 발견했던, 호루스와 오시리스의 불멸성에 대한 숭배와 같은 새로운 종교들이 출현했다.

서양의 그리스도교 전통에서 가톨릭 그리스도교는 인간 공동체의 모든 법들과 요구들을 넘어서는 양심의 자유를 요구했던 어떤 차원이 인간에게 있다고 항상 주장해왔다. 가톨릭에서 이 궁극적인 자유는 다음의 사실에 의해 정당성을 부여 받았다. 즉, 그 스스로가 자리잡고 있으면서 부분적으로 지배하고 있었던 정치적 공동체로부터 바로 이 자유를 요구했던 종교적·역사적 기구에 의해, 이 궁극적 자유가 정의되고 규정되었다는 것이다.

이런 식으로 기구에 의한 규제가 개인의 궁극적인 자유에 부과되었다. 개신교는 이런 궁극적인 규제들에 항거했으며, 종교적 영역에서 더욱 완전한 개인의 자유를 요구했다. 이런 개신교의 개인주의가 때때로 부르주아 개인주의의 종교적 합리화에 불과한 것으로 해석되었다. 사회적 자유를 향한 부르주아의 욕구와 포괄적이고 권위주의적인 교회에 반대하면서 주장하는 개신교의 자유를 향한 충동은 사상적으로 상호 연관적 관계에 있기도 했으며, 역사적으로 동시에 발생했다는 것은 부정할 수 없다. 하지만 한 측면에서는 둘이 서로 매우 달랐다. 개신교의 종교적 개인주의는 매우 초월적으로 이해되었고, 그래서 루터는 어쨌든 개신교의 종교적 개인주의가 사회적 자유와 연관성을 가지고 있다는 것을 완전히 부정했다. 그 결과 그는 전자에 대한 소유는 후자에 대한 필요성을 배제한다고 주장하는 쪽으로 흘러갔다. 반면에 칼뱅주의와 그리스도교의 일부 종파들은 "복음적 자유"에 대한 확약으로부터 "시민적 자유"에 대한 자신들의 요구를 끌어내었다.

그러나 공동체에 대한 개인의 궁극적인 종교적 초월성은 사회적 과정이나 공동체적 책임성들에 대해서 적합한 관계에 있기도 하면서, 동시에 끝내 부적합한 관계에 있기도 하다.

신비적 종교들은 개인의 의식을 그것이 서있는 사회적 맥락으로부터 완전히 추상화시키려고 시도할 것이며, 개인에게 제한을 가하고 규율을 제시하는 사회적 책임들과 방해들로부터 개인의 의식을 도피시키려고 시도할 것이다. 그러나 그리스도교와 같은 역사적 신앙들에서는 공동체에 대한 개인의 종교적 초월성이 최고 형태의 사회적 실현을 위한 최종적인 자원이다. 성(聖) 바울과 더불어서 "사람들의 심판을 받는 것은 내게 사소한 일이다. … 나를 심판하시는 분은 주님이다"고 선언하면서, 공동체의 승인이나 거부보다 더욱 높은 권위에 호소할 때, 그 개인은 이로써 공동체적 책임성으로부터 해방되어 벗어나는 것이 아니다. 반대로 하나님과의 친교에서 그가 경험하는 불편한 양심은 그의 실존의 사회적 성격을 드러낸다. 그는 그의 삶을 그 자체적인 목적으로 만들었고, "너는 주 네 하나님을 사랑하고, 네 이웃을 네 자신처럼 사랑하라"는 계명에 순종하지 않았기 때문에 죄책감을 느낀다. 근대의 세속주의가 어리석고도 순박하게 양심의 사회학적 원천에 대해서 말하고 있지만, 과거에도 그랬던 것처럼 독재적인 정부에 대한 가장 효과적인 반대자들은 "우리는 사람이 아니라 하나님께 순종해야 한다"고 말할 수 있는 사람들이다. 그들은 악마적인 시저(Caesar)들의 가식들을 무시할 수 있는 유리한 위치에 서있으며, 해당 정부에서 구체화되어 있는 악의적인 권력들에게 반항할 수 있는 유리한 위치에 서있기 때문에 단호한 결의가 가능하다.

더욱이 우상숭배적인 민족 공동체들이 그들의 권력을 능가하는 법의 존재를 인정하기를 거부하고 있을 때, 그런 공동체들에게 반대하는 최종적인 자원은 개인들에 의한 보편적인 법의 인식에서 발견되어야 한다. 인간의 도덕적 의무감에 성급한 제한을 언제나 가하고 싶어 하는 편파적이고 특수한 민족 공동체들을 넘어서는 도덕적 통찰의 원천을 개인들이 가지고 있기 때문이다. 공동체를 넘어서는 개인적 자유의 완전한 종교적 높이가 탐구되고 방어되지 않는다면 세계 공동체가 결코 창조될 수 없다. 도덕적 삶의 궁극적인 역설은 다음과 같다. 사회적 실존의 차원에 있는 개인의 관점에서는 매우 보편적이고 장엄하고 최종적으로 보이는 민족이 개인의 궁극적 자유의 관점에서는 매우 제한적이고, 자연적 필요성에 상당히 매여 있다는 것이다. 이 높은 곳으로부터 그는 시대들을 조사하며, 국가로서는 아무것도 모르고 있는 역사의 끝과 시작에 대해서 알고 있으며, 그래서 현실적인 공동체를 성취와 좌절의 항구적인 원천으로 만드는 삶의 순수성을 갈망한다.

민감한 개인은 어떤 현실적인 공동체에서 실현되어 있는 것보다 훨씬 순수하고 광범위한 형제애의 이상들을 가지고 있다. 따라서 개인의 양심과 공동체들의 도덕적 모호성 사이에 항상 긴장이 있다. 공동체들에서는 사회적 결합이 항상 부분적으로 형제애에 대한 부정에 의해서 유지된다. 이 긴장으로 인해 어떤 신비주의자들은 내적인 세계의 정숙함과 순수함으로 도피하려 한다. 그리고 이 긴장으로 인해 어떤 유토피아주의자들은 역사적 실존으로부터 모든 도덕적 모호성들을 완전히 제거하려고 시도한다. 전자의 대안은 틀렸으며, 후자의 대안은 불가능하다. 개인의 양심과 현실적 공동체들 사이의 긴장이 올바르게 지도될 수 있다면, 그것은 공동체의 정의와 형제애를 정화시키고 확장시키는 항구적인 힘의 원천이 될 수 있다.

하지만 자연적 과정을 넘어서는 개인의 자유가 역사를 가능하게 만들고, 또한 역사를 넘어서는 개인의 자유가 역사의 새로운 가능성들을 비결정적으로 창조해낸다. 이러한 개인이 역사적 과정 자체의 의미를 의문시하게 하는 삶의 의미에 대한 질문을 할 수 있을 때, 개인은 비로소 궁극적인 자유를 누릴 수 있다. 개인은 『에스라4서』와 함께 이렇게 물을 수 있다. "우리가 심히 비참하게 허사에 이르렀는데도 불멸의 소망이 예언되고 있으니, 이것이 무슨 소용이 있는가?"[9] 다시 말해서 개인은 자신의 삶 너머에 있는 어떤 궁극적인 성취를 지적함으로써, 그 자신의 삶이 사회적 과정에 대한 유기적 관계성에 의해서 완전히 성취되는 것이 아님을 인식하게 될 것이다.

한 민족의 역사 전체를 (그리고 모든 민족들의 역사 전체를) 시간상의 끊임없는 흐름으로 바라볼 수 있는 개인의 관점에서 제기되는 삶에 관한 이런 심오한 질문들은 영원성을 내포하고 있다. 시간을 초월하는 의식만이 시간의 흐름을 규정하고 제한할 수 있다. 역사의 모호한 성취들과 좌절들을 넘어서는 의미와 성취, 둘 모두를 추구하는 사람은 역사적 과정이 완전히 담을 수 없는 높은 정신의 차원에서 존재한다. 이 높이가 공동체의 삶에 대해서 부적합한 관계에 있는 것은 아니다. 새로운 풍성함과 더 높은 가능성의 정의가 이 높이의 의식으로부터 공동체에게로 오기 때문이다. 하지만 그 높이는 공동체의 평화와 질서의 관심사에서 개인의 이런 정점을 선불리 차단하려고 하는 공동체에 의해서 파괴된다. 개인적 실존과 공동체적 실존 모두의 지배적인 원천과 목적이 파악될 수 있게 하고, 개인들과 공동체들의 우상숭배적인 자기숭배에 반대하는 제한이 설정되게 할 수 있는 그 높이가 달성

9) 에스라4서(Fourth Ezra) 7:120

되지 않는다면, 개인과 공동체의 문제는 결코 풀릴 수 없다.

3장

공동체와 재산

3장

공동체와 재산

I

인간 사이의 모든 관계는 결국 소유의 문제를 수반한다. "나"는 "나의 것"에, "너"는 "너의 것"에 매우 친밀하게 관계되어 있기에, 개인들 사이의 일치나 갈등의 관계들은 보통 재산의 문제를 내포하고 있다. 가족의 예에서처럼, 한 생명이 다른 생명에 대해서 매우 친밀한 관계에 있는 경우에 나의 것과 너의 것의 문제들은 공동소유에 대한 의식 속에서 해소된다. 반면에 인간 사이의 긴장은 보통 특별하고 독특한 소유들에 대한 의식이 날카로워질 때 표출된다. 그 긴장은 타인이 자신을 이용하는 것을 막기 위해서 신중하게 정해져 있는 소유들에 관한 것이다.

사회의 집단적 긴장들은 민족적 경쟁과 권력 충동의 경합에 의해 만들어질 수 있다. 그 긴장들은 마르크스주의가 가정하듯이 보편적으로 경제적인 원천에 의한 것만은 아니다. 소유권과 경제력의 문제들이 일차적인 것은 아니지만, 그래도 항상 그 긴장들에 관련되어 있다. 인간 역사에서의 계급갈등은 전체적으로 보았을 때 경제력이 있는 자들과 부족한 자들 사이의 경쟁이다. 경제력이 부족한 자들은 결핍과 굶주림과 분개로 인해서 경제적으로 지나치게 많이 가진 자들의 권력에 도전한다. 이런 갈등이 공공연하지 않을 수 있지만, 어떤 사회에서도 없었던 적은 없다. 하지만 이런 갈등이 근대 산업사회에서는 점차로 공공연해지고 격렬해졌다.

과거의 농업사회들에도 계급갈등이 없지 않았다. 그리스와 로마 사회에도 노예봉기들이 있었다. 로마의 귀족계급과 평민계급의 마찰은 많은 문명에서 다양한 형태와 다양한 정도의 경제력을 가진 계급들 사이에서 일어나는 경쟁들의 전형이다. 하지만 어떤 전통적인 사회들도 근대 민주주의 사회가 재산의 문제를 두고 일어나는 논쟁에서 겪는 그런 격렬함을 겪은 적이 없다. 이것이 부분적으로는 다음과 같은 사실에 기인한다. 고대사회의 가난한 자들은 그들에게 지워진 과부하에 도전할 수 있는 권력을 가지고 있지 않았던 반면에, 근대의 가난한 자들은 적어도 생산의 기술적인 수단들을 조작할 수 있는 상황에 기반을 둔 권력을 가지고 있다. 그들은 노동을 중단할 수 있으며, 파업이라는 소극적인 무기로 경제적으로 힘을 가진 자들로부터 어느 정도 양보를 억지로 끌어낼 수 있다. 게다가 민주주의는 그들에게 참정권이라는 정치적 권력을 부여했으며, 그로 인해 그들은 정치적 사회에 미치는 그들의 권력을 통해서 경제적 사회에 가하는 압력을 행사할 수 있다.

그러나 근대 계급갈등이 격렬해진 것에 대한 이유가 추가적으로 고려되어야 한다. 계급들 간의 이슈가 재산의 공평한 분배 문제 그 이상의 어떤 것이 되었다는 사실에 주목할 필요가 있다. 문제는 바로 재산권의 적법성 자체다. 이 쟁점에 관해서 중산계급들과 산업계급들 간에 거의 혹은 전적으로 공통점이 없다. 중산계급들은 재산을 덕(德)의 결실이자 정의의 보증인으로 간주하는 반면에, 산업계급들은 재산제도를 인간에게 있는 모든 악의 뿌리이자 사회에 있는 모든 부정의(不正義)의 뿌리라고 생각한다.

한 공동체가 대립하는 세력들 사이에 공통점을 찾을 수 없는 쟁점에 직면하게 되면, 그 결과로 초래되는 사회적 마찰은 점차로 시민전쟁의 빌미가 될 수 있다. 근대 민주주의 공동체들이 사회의 다양한 계급들 간의 자연적인 조화를 공식적인 민주주의 정신에 따라서 상정하고 있음에도 불구하고, 갈등의 핵심 쟁점이 되는 재산의 쟁점에 의해서 시민전쟁의 위협을 받아왔거나 혹은 시민전쟁에 연루되어 왔다는 것은 의미심장하다. 이 시민전쟁이 독일과 프랑스의 참사에 한몫을 했으며, 나치 독재에 반대하는 문명 방어의 과제를 복잡하게 만들었다. 나치의 냉소주의자들은 문명에 대항하는 그들의 초기 정치적 전투에서 승리했다. 그들이 파괴시키려고 의도했던 국가들 안에서 처음에는 유산계급을, 그 후에는 무산계급을 구슬려서 자신들의 동맹으로 끌어들일 수 있었기 때문이다.

영국과 스칸디나비아 국가들에서 재산을 둘러싼 시민 분쟁은 완화되었다. 농업과 봉건 세계로부터 생긴 오래된 재산 개념들이 부르주아계급들의 과장된 개인주의와 산업 노동자들의 교조적인 집단주의, 양쪽 모두에 영향을 끼쳤기 때문이다. 미국에서 그리고 아마도 홀란드에서도 계급 간의 긴장이 독일과 프랑스에서 드러났던 만큼의 공개적인 정도에 도달하지 않았다. 이것에는 부르주아의 도덕적 관습이 이 국가들에서 매우 강력했기에 노동계급들이 이 관점들에 대한 효과적인 도전을 발전시킬 수 없었다는 것이 부분적으로 영향을 미쳤다. 그럼에도 불구하고 전(全) 서양 세계가 격렬한 논쟁의 효과를 실감했다. 세계전쟁으로 인해 그 논쟁에 깔려 있었던 쟁점들은 해결이 아니라 연기되었다. 각 국가 공동체들이 전쟁 후 사회적 평화를 추구할 때에 이 쟁점들이 각 국가들을 괴롭힐 것이다. 그리고 이 쟁점들이 세계 공동체의 문제들마저도 복잡하게 만들 것이다. 왜냐하면 사유 재산에 반대하는 프롤레타리아 항거의 신념이 실현되었던 나라 중의 하나인 러시아에 대해서 다양한 단체들이 가진 종교적 증오와 애정에는 이 쟁점들이 원인이 되기 때문이다.

민주주의적 자유주의의 신념에 따르면, 재산권은 자연법에 의해 보장되어 있는 "양도 불가능한" 권리들 중의 하나이다. 마르크스주의 사상에서 사유 재산의 출현은 인류 역사에서 일종의 "타락"에 해당한다. 모든 사회악들이 이 악의 근원으로부터 기원한다고 주장된다. 러시아가 세계의 권력으로서 일어났다고 해도, 현재 세계의 위기는 충분히 자유주의자의 신조뿐만 아니라 마르크스주의자의 신조까지도 그 신빙성을 잃게 만들 것이다. 그러나 우리 민주주의 세계가 재산에 관한 이런 상반된 견해들이 초래해 왔던 갈등과 사회적 긴장을 조속히 해결할 것으로 보이지 않는다.

갈등은 오랫동안 형성되어 왔다. 재산에 관한 마르크스주의와 자유주의의 이론들이 등장한 것은 16세기였다. 종교개혁에 의해서 재산에 대한 상반된 두 견해들이 촉발되었는데, 이는 고전적인 그리스도교 이론의 용의주도한 태도를 파괴하는 것이었다. 고전적인 그리스도교 이론에 따르면 - 이는 그리스도교 운동이 정치와 경제의 긴급사태와 타협해야 했을 때 부분적으로 스토아 사상으로부터 차용한 것이었다 - 정부와 마찬가지로 재산은 인간의 타락으로 요청된 필요악이다. 스토아사상과 마찬가지로 그리스도교 이론은 "내 것"과 "네 것" 사이의 확고한 구분을 불필요하게 만들, 삶과 삶 사이의 완벽한 조화의 이상적인 가능성을 상정하고 있다. 하지만 죄성에 젖은 인간의 이기심은 이런 이상적인 가능성을 파괴했으며, 다른 사람을 이용하려는 인간의 경향성에 대한 유일한 안전장치로 배타적인 소유를 만들어내었다. 이 이론은 신중하게 재산의 "권리"를 바라보게 하는 이점을 가지며, 그 권리를 상대적으로만 - 절대적이 아니라 - 정당화시키는 이점을 가진다. 재산권은 정의(正義)의 방편적 도구로서 정당화되었다. 소유권이 초기 그리스도교 사상에서는 인격이 가진 힘의 자연적인 외연으로 간주되지 않았다. 오히려 그것은 타인들의 지나친 요구들에 대한

방어 권리로 간주되었다.[1)]

정통적인 개신교에서 소유의 차별이 무비판적으로 수용되기 이전부터, 가톨릭 사상에서도 (타락 이전의 완전한 상태로 상징되었던) 공동재산의 이상적인 가능성이 점차로 약화되고 있었으며, 사유재산이 자연법의 요구 혹은 실증법의 불가피한 보완으로 수용되었다.[2)]

교황 레오 13세의 회칙 「새로운 사태」(Rerum Novarum)에서 재산은 필수적인 것으로 정의되었다. 이런 입장은 18세기 자유주의의 입장과 거의 구분되지 않는다. 물론 가톨릭 사상에서 경제력은 항상 정치적 규제와 도덕적 권위 아래에 놓여 있으며, 18세기 자

---

1) 재산에 대한 이런 신중한 정당화조차도 몇몇 초기 교부들에게는, 특히 동방에서는 아주 지나친 것으로 간주되었다. 크리소스톰(Chrysostum)은 이렇게 선언했다. "부(富)는 너에게 공통되는 것이며, 너의 동료들에게도 공통되는 것이다. 그것은 마치 해, 땅, 공기와 그 밖의 모든 것이 공통의 것인 것과 마찬가지다. 부자가 되는 것은 부정의(不正義)가 없이는 불가능하다." 프루동(Proudhon)의 금언, "재산은 절도다"라는 주장은 다시 말해서 초기 그리스도교에 원천을 두고 있다.

성 바질(St. Basil)도 동일하게 강조했다. "왜 너는 부유하고, 저 사람은 가난한가?" 이렇게 그는 물었다. "너는 네 자신의 것들을 나누어 주도록 해야 한다. 네가 옷장에 보관하고 있는 코트는 헐벗은 자의 것이며, 네가 보관하고 있는 빵은 굶주린 자의 것이다. 네가 땅에 숨겨둔 금은 궁핍한 자의 것이다."

이처럼 동방 교회는 재산에 관한 과격한 윤리를 갖고 있었다. 하지만 이 윤리는 재산이 필요악이라고 하는 이론을 따르고 있는데, 이 이론은 16세기에 다시 재산에 관한 분파적인 윤리로서 나타났다.

2) 토마스 아퀴나스는 재산권을 다음과 같이 정당화한다. "[재산을 소유하는 것]은 인간의 삶에서 세 가지 이유에서 필수적이다. 첫째, 인간은 많은 사람 혹은 모든 사람과 공동으로 필요한 것을 위해서보다는 자기 자신만을 위하는 것을 생산하는 일에 더욱 신중하기 때문이다. … 둘째, 만약 각 사람이 특정한 일을 스스로 돌보도록 책임 지워진다면 인간사(人間事)가 훨씬 더 질서정연하게 실행되기 때문이다. … 셋째, 만약 각 사람이 자신의 것으로 만족한다면 더욱 평화로운 상태가 보장된다." *Summa Theologia, II, ii,* q. 66. art. 2. 성(聖) 토마스는 다음과 같이 선언한다. "소유의 구분은 자연법에 의거하는 것이 아니라 실증법에 속하는 인간의 동의로부터 생겨났다. … 따라서 소유의 주장은 자연법에 대립되는 것이 아니라 자연법에 대한 보충이다." Ibid. 이런 논증은 아리스토텔레스의 사상을 따른 것이다.

유주의가 요구했던 자율이 경제력에 보장되지 않는다는 점은 고려되어야 할 것이다. 레오 교황은 이렇게 적었다. "소수의 반체제 목소리들에 의해서 거의 영향을 받지 않은 인류의 공통된 견해는 자연에 대한 신중한 연구와 자연의 법들에 대한 신중한 연구를 통해서 재산 구분의 토대들을 발견했다. 그리고 모든 시대는 사적 소유의 원리를 인간의 자연적 본성에 탁월하게 일치하는 것으로 신성시했으며, 틀림없이 인간 실존의 평화와 평온에 기여하는 것으로 신성시했다."

이 회칙이 강조하는 점과 교부들이 원래의 교리에서 강조했던 점의 차이를 현대 가톨릭 신학자는 다음처럼 설명한다. "사회주의 저술가들이 교부들의 몇 작품들에서 재산이 자연법에 의거하여 존재하는 것이 아니라고 하는 대목을 읽고서, 재산은 불법적인 제도로 정죄되었다는 결론을 내림으로써 커다란 혼란이 야기되었다. 이보다 더 잘못된 것은 없었다. 그런 대목으로 교부들이 생각했던 것은 자연의 상태에서, 다시 말해서 이교도의 이상적인 황금시대나 그리스도교의 에덴동산에 개인적인 소유물이 없었다는 것이다. 하지만 인간이 이런 이상적인 상태로부터 타락한 바로 그 순간 공산주의는 불가능해졌다. … 이런 정도에서 교부들이 재산을 못마땅하게 간주했다고 말하는 것이 옳다. 그것은 타락에 의해서 필요하게 된 제도들 중의 하나였다. … 재산은 인간의 탐욕에 재갈을 물리는 제도들 중의 하나로 존중되어야 한다."[3] 이 설명이 부분적으로는 타당하다. 하지만 그것으로 중세 말기 이후 가톨릭 사상이 재산이 없는 상태의 이상적인 가능성에 대한 언급을 빠뜨리는 경향성을 가지게 된 이유가 설명되지 않는다. 이런 언급을 생략함으로써 그리스도교 경제이론은 미묘하게 바뀌어갔다. 그리스도교 경제이론이 재산에 대해서 상대적인 승인보다는 오히려 절대적인 승인을 부여하고 있기 때문이다.

그런데 정통 개신교, 특히 칼뱅주의는 계속해서 재산 구분을 거리낌 없이 혹은 무차별적으로 수용했다. 칼뱅의 경우에 재산에 대한 이런 무비판적 수용은 그의 과도한 결정론에 기인했다. 재산이 존재했던 이래로 그것은 항상 하나님의 뜻에 의해 존재하는 것임에 틀림없다고 칼뱅은 확신했다.[4] 물론 칼뱅주의가 자유방임주의처럼 재산의 실행을 모든 도덕적 제한으로부터 해방시켰던 것은 아니다. 우리는 우리가 소유하는 모든 것에 대해 하나님의 청지기들이라는 그리스도교적 생각이 가톨릭 사상에서와 마찬가지로 칼뱅주의 사상에서도 남아있었다. 하지만 청지기 정신은 쉽게 재산 구분을 정당화하는 자선활동의 관념으로 퇴보했다. 칼뱅은 이렇게 말했다. "그런데 왜 하나님이 어떤 사람은 부유하도록, 어떤 사람은 가난하도록 허용하시는가? 그것은 하나

---

3) George Obrien, *An Essay on Medieval Economic Thought*.

4) 칼뱅은 이렇게 선언했다. "어떤 사람들은 자신들의 노고로 부유해지는 것으로 보임에도 불구하고, 사실 그들에게 복주고 그들을 돌본 것은 하나님이다. 또 어떤 사람들은 태어나기 전에 그 조상들이 막대한 소유를 보유하고 있었기 때문에 부유하다고 해도, 이것은 우연에 의한 것이 아니라 그것을 지배하는 하나님의 섭리에 의한 것이다." "Sermon on Deut.," *Works,* XXVI, 627.

님이 우리에게 선을 행할 기회를 주시기 위함이 아니겠는가?"[5] 그리하여 칼뱅주의가 자선을 부정의(不正義)의 눈가림으로 이용했던 부르주아와 금권정치 이상주의의 위선의 토대를 제공했다. 이런 위선들은 16세기 분파주의와 마르크스주의로부터 받는 맹비난의 표적이 될 수밖에 없다.

정통 가톨릭과 정통 개신교 모두 점점 더 무비판적인 재산의 정당화를 제공하는 경향을 보이고 있었고, 이로써 초기 그리스도교의 조심스러운 태도는 잊혀졌다. 그러는 동안에 사회적 봉기가 봉건제에 대한 종교적 저항과 결합되었던 16세기, 17세기의 분파적 그리스도교는 후에 결국 마르크스주의 이론에서 정점을 이루었던 재산에 관한 윤리의 토대를 제공했다. 대륙의 재세례파와 영국의 디거스(Diggers)는 평등주의자이자 공산주의자였다. 그들은 인간이 죄가 없었던 원래의 상태를 회복하는 것이 가능하다고 믿었다. 그리고 그들은 이 회복의 일차적인 방법은 원시 공산주의로 복귀하는 것이라고 생각했다. 재세례파는 "그리스도인은 자신에게 귀속되는 어떤 것도 소유해서는 안 되며, 자신이 가진 모든 것을 공유해야 한다"고 가르쳤다. 영국 크롬웰 시대, 디거스의 지도자였던 제라드 윈스탠리(Gerard Winstanley)는 마르크스주의 신조의 모든 측면을 실제로 예견했다. 그는 "지구가 전능하신 하나님에 의해서 인류 전체의 생계를 위한 공동의 보고로 만들어졌다"고 선언했다. 공동 소유의 이런 상태가 파괴되었던 것

5) *Works*, XXVII, 337.

은 "우리 조상들이 검으로 먼저 그들의 동료들을 살해하고, 그런 다음 그들의 땅을 약탈하고 도적질할 때였다."[6]

윈스탠리가 악의 발생을 해석할 때 그는 반은 그리스도인이고 반은 마르크스주의자였다. 때때로 그는 "보편적 사랑"의 완전성을 파괴하고, 그 결과 악의 첫 열매로서 사적인 소유를 가져왔던 "특수한 사랑"의 발전을 통해서 죄가 발생했다고 확고하게 말했다. 또한 때때로 그는 과정을 역전시켰고, 마르크스주의처럼 사유 재산의 시작을 악의 결과가 아니라 악의 뿌리로 간주했다. 그는 "내 것과 네 것의 이런 특별한 적절성이 사람들에게 모든 고통을 가져왔다"고 분명히 말했다.

재산이 근면의 열매라는 보수적인 견해에 반대해서 윈스탠리는 강력한 이의를 제기한다. "인간이 자신의 노동이나 그를 돕는 다른 사람의 노동으로 부유해질 수 있는 것은 아니지만, 자신의 노동이나 그를 돕는 다른 사람의 노동으로 인간이 부유해짐에 틀림없다. 만약 한 사람이 그의 이웃들로부터 도움을 받지 않는다면 그가 결코 한 해만에 수백 수천의 재산을 모으지 못할 것이다. 만약 다른 사람이 그를 돕는다면, 저 부(富)들은 그 자신의 것일뿐더러 그의 이웃의 것이기도 하다."

이와 같이 한편으로 칼뱅주의, 다른 한편으로 - 윈스탠리에 의해 전형화된 - 분파적 그리스도인의 경제적 관점들은 재산에 대한 상반된 견해들의 씨앗을 품고 있으며, 이로써 16세기부터 금세기까

6) Winstanley, "*Declaration of the Poor Oppressed People*."

지 민주주의 세계를 나누어 놓았다. 이런 생각들이 대립되는 계급들의 무기가 되는 근대의 계급투쟁조차도 16세기와 17세기에 예견되었다. 왜냐하면 칼뱅주의는 전반적으로 중산계급들의 종교였으며, 분파주의는 상속권을 박탈당했던 자들의 종교였기 때문이다.

하지만 근대 세속주의, 즉 자유주의와 마르크스주의 양측 모두 재산이론을 상호 간에 훨씬 더 완벽한 대립의 관계로 몰아갔다. 자유주의 사상은 재산 관계를 그리스도교 사상이 항상 주장했던 모든 정치적 통제나 도덕적 제한으로부터 벗어나게 하려는 경향이 있었다. 한편으로 마르크스주의 철학은 분파적 그리스도교보다 더욱 확실하게 모든 역사적 악의 유래를 사유 재산의 발생에서 찾았다. 이렇게 세속주의는 재산 문제를 둘러싼 대립적인 신념들 간의 마지막 공통분모를 제거시켜 버렸다.

사회적 갈등의 무기가 되는 생각들이 독립적인 힘을 가지고 있지는 않다. 따라서 우리는 생각들을 재고함으로써 분쟁을 제거하게 될 것이라고 가정해서는 안 된다. 하지만 민주적인 사회는 이 논쟁에서 어떤 공통분모를 찾아야 한다. 만약 재산에 대한 자유주의 이론들과 마르크스주의 이론들이 드러내는 환상들의 일부를 역사가 실제로 거부했다면, 역사의 이런 가르침들을 기록해 두는 것이 중요하다. 이것이 계급투쟁들을 완화시키는 데 이바지할 것이며, 민주적인 과정 전체를 위협하지 않을 정도로 계급투쟁을 줄이는 데 도움이 될 것이다.

II

재산에 관한 부르주아의 생각들에는 서로 밀접히 연관되어 있는 두 가지 오류가 있다. 부르주아 재산 개념의 과도한 개인주의가 그 중 하나이며, 이는 중산계급의 삶에서 개인의 자유를 일반적으로 과장할 때 드러나는 핵심적인 부분이다. 자신을 이용하려는 타인의 경향성에 맞서서 내세우는 일반적이고 방어적인 권력을 대변하는 것이 재산이라는 자유주의 사상의 주장에 다른 오류가 포함되어 있다. 그러나 실제로는 다른 모든 형태의 권력과 마찬가지로 재산이 방어 목적으로 제한될 수 없다. 재산은 충분히 쌓일 경우 공격과 약탈의 도구가 된다. 따라서 이 두 오류들이 더욱 충분히 고려되어야 한다.

부르주아의 재산 개념은 중산계급의 삶을 주도하는 과도한 개인주의를 따라가고 있었다. 자유주의 사상이 생각하는 것처럼 개인이 그렇게 별도의 분리된 실존을 가지고 있지 않듯이, 자유주의 재산 개념이 가정하는 것처럼 "나의 것"과 "너의 것" 사이에 명확한 구분선을 긋는 것은 불가능하다. 근대 세계에서 재산을 두고 일어나는 갈등이 험악해진 이유 중의 하나는, 이 개인주의가 역사에 도입되었던 것이 고도로 집단적인 형태들의 상업적·공업적 부를 발전시켜나가던 바로 그 시대의 초기였기 때문이다. 따라서 근대 재산의 사회적 기능과 그것의 "사적인" 성격에 대한 강조 사이에 심각하게 큰 격차가 법률 전통과 사회 사상에 존재한다.

때때로 자유주의 재산이론들의 개인주의가, 상업적·공업적 문명의 복잡성과 복합성이 우리 시대의 초기에는 단적으로 예견되지 않았다는 사실로부터 그 정당성을 주장하기도 했다. 특히 존 로크는 가장 단순한 농업경제에 대한 고려로부터 재산에 대한 정당화를 이끌어내었다.

로크에게 재산은 일차적으로 인격의 힘의 연장이다. 그는 이렇게 선언한다. "모든 사람은 자신의 '인격' 안에 '재산'을 가지고 있다. … 그의 몸이 하는 '노동'과 그의 손이 하는 '작업'은 당연히 그의 것이라고 우리는 말할 수 있다. 따라서 어떤 사람이 자연이 그에게 제공하고 그에게 남겨두었던 상태로부터 벗어나서, 거기에 자신의 노동을 혼합시키고, 자기 자신의 어떤 것을 거기에 부가시켰다면, 그 사람은 그것을 자신의 재산으로 만든 것이다."[7)]

이 이론은 원시사회에서 재산의 형성을 추적함에 있어서 역사적으로 옳다는 장점을 가지고 있다. 로크가 "이성의 법에 따르면 사슴은 사슴을 죽였던 그 인디언의 것이 된다"고 선언할 때, 그는 그 동안 인간학적 연구가 정당화시켜왔던 역사적 발전을 묘사하고 있다. 물론 이때 로크의 이론이 수렵사회 시대의 공산주의적 요소를 정당화하거나, 가부장 시대의 공산주의 잔존 요소를 정당화하고 있는 것은 아니다. 하지만 사슴을 죽였던 인디언

---

7) John Locke, *Two Treatises of Government, Book II,* ch. v, par. 27.

에게 항상 그 사슴이 귀속되었던 것은 아니며, 고래를 해변으로 끌어내어 왔던 사람에게 그 고래가 항상 귀속되었던 것은 아니다. 그것들은 종종 종족 전체에 의해서 이용될 수 있었다. 하지만 아무리 사소할 지라도 개인이 일반적으로 자신의 노동권으로 어떤 특수하고 배타적인 주장을 확립했다는 것은 사실이다.

하지만 한 제도의 생성에 대한 묘사가 그것의 참된 성격에 대한 적합한 정의는 아니다. 로크의 시대에 경제생활은 이미 매우 복합적이었고, 많은 경제활동들이 이미 매우 상호 연관적이었기에 그의 이론이 주장하는 것처럼 각 인격의 노동을 정확히 분리시켜낼 수 없었다.

한때 부르주아 재산 개념에 담긴 개인주의는 의식적으로 상업적 문명의 경험에 관계되어 있다. 이 경험이 재산의 사회적 기능을 그 개인주의적 표식 뒤로 감추는데 특별히 기여했다.

상업적 재산은 개인적 접근 가능성과 관리 가능성의 측면에서 토지 재산보다 유동적이고 동적이다. 유가증권과 채무증서 등은 쉽게 서랍에 넣을 수 있으며, 토지 재산과 같은 것의 양도에 수반되는 어려움 없이 양도될 수 있다. 하지만 이런 문서들은 보다 실체적인 어떤 것의 표식들이며, 은행과 상업적 설정, 혹은 보험회사의 표식들이며, 사회 안에서 복잡하고 복합적인 상호 공동적 기능들을 표현하는 모든 종류의 재산들의 표식들이다. 초창기부터 현재에 이르기까지 부르주아의 마음은, 재산의 "표식들"이 지닌 사적인 성격과 이런 표식들과 계산대들이 표시하고 있는 실제적인 부(富)의 사회적 성격 사이의 대조가 유발하는 환상들의 희생자였다.

또 어떤 때는 자유주의 이론의 개인주의가 자본주의 발전의 초기 경험들로부터 - 이 초기 경험들은 후의 경험들에 의해 반박되었는데 - 발전되기도 한다. 예를 들어서 고전 경제에서 배당금에 대한 도덕적 정당화는 자본주의 발생 초기의 경험에 근거해 있다. 배당금은 즉각적인 만족의 자제에 대한 보상으로 간주되며, 개인들이 자신의 고역의 보상들을 소비하지 않고 절제하도록 함으로써 운영 자본을 구축하게 하는 필수적인 장려책으로 간주된다. 실제로 많은 상업·산업 기업들이 이런 식으로 근면하고 검약하는 개인들의 저축으로 시작되었다. 하지만 수익성이 있는 회사는 얼마 지나지 않아 큰 수익을 올릴 수 있으며, 이로써 저축과 과도한 소비, 둘 다 가능해진다. 원래 소유주의 노동 외에 많은 사람들의 노동이 수익에 기여한다는 사실이 저축과 투자에 대한 개인주의적 이해에서는 포착되지 않는다.

부르주아 개인주의와 재산의 사회적 기능 사이에서 가장 확연하게 드러나는 모순은, 상업 문명이 점차 집단적 생산을 부의 일차적 원천으로 삼게 되는 산업 사회로 옮겨오면서 명백해졌다. 근대 공장은 거대한 집단적 과정이다. 기술의 진보로 인해 한 작업자가 자신의 도구를 소유하는 것도, 그의 작업장을 소유하는 것도 불가능해졌다. 한편으로 기계로 대변되는 부, 다른 한편으로 기계가 생산하는 부는 복합적인 상호 서비스에 의해 만들어진다. 그런 과정에 대한 "사적인" 소유권 주장은 시대착오적이며 어울리지 않는다. 그리고 그런 식으로 집중화된 권력에 대한 개인적 통제는 부정의(不正義)를 불러 온다.

근대 생활에서 산업화된 재산의 사회적 전통과 실제적 기능 사이의 이런 부조화가 우리 사회의 사회적 긴장들을 가속화시켰다. 마르크스주의 신조는 이런 긴장의 창조자가 아니라 단지 도구가 되었을 뿐이다. 생산적 재산의 사회화를 주장하는 마르크스주의 프로그램은 마르크스주의 사상이 예기치 않았던 몇 가지 문제들을 안고 있다. 그 이유들에 대해 우리는 곧 논의해야 할 것이다. 하지만 산업 재산의 사회적 성격을 강조하는 이론이 그 개인적 성격을 주장하는 부르주아 신조보다 진실에 더 가깝다는 것은 명백하다. 사실 근대 산업 공동체들의 경제 과정은 점차로 더욱 정치적 통제를 따르도록 강요되어 왔다. 이런 과정에 있는 전체 공동체의 이해관계가 너무나 명백했기 때문에, 상황논리에 의해 근대 자본주의 설립의 토대가 되었던 신념들이 굴복 당했다. 모든 근대 민주주의 사회에서는 그 자연적 필요성에 의해서, 동시에 노동자들의 투표권에 대한 고려 속에서 정치적 권력의 사용을 통해 경제적 불평등을 바로잡는 것이 촉구되어 왔다. 이런 과정은, 국가가 단지 유산계급들의 실행위원회에 불과하다고 하는 마르크스주의의 주장이 타당하지 않은 것임을 드러내었다. 다른 한편으로 이러한 정치적 권력의 사용이, 공동체에서 경제적 권력의 거대한 불균형이 초래하는 산업 위기들로부터 근대 산업 공동체들을 구해내기에는 충분하지 않았다. 이 불균형이 역동적인 형태의 부정의(不正義)로 귀결되어, 공동체 양심에 상처를 줄 뿐 아니라 산업 생산에도 간섭한다. 왜냐하면 매우 많은 부가 자본 투자를 위해서 축적되는 반면에, 매우 적은 부가 소비를 위해 배분되기 때문이다. 따라서 이런 상황에 대한 마르크스주의의 해석은 부분적으로 역사적인 정당성을 획득했다.

생산적 재산의 사회적 성격에 대한 마르크스주의의 생각이 부르주아의 이해보다 진실에 더욱 가깝다는 사실이, 불행히도 특히 미국의 특권 계급들이 역사의 가르침들에 거역하는 것을 막지 못할 것이다. 미국은 아마 과거의 더욱 순수한 형태의 개인주의를 복원시키기 위해서 각고의 노력을 기울이는 유일한 나라일 것이다. 고전적 자유주의의 발생지인 영국에서는 재산에 관한 예전의 봉건적 개념이 우세한 보수당과 제한적인 마르크스주의의 영향을 받은 노동당 사이의 차이가 미국의 대립적인 세력들 사이의 차이만큼 깊지 않다. 미국에서는 마르크스주의 신조에 대한 종교적인 헌신이 없음에도 불구하고 상황이 그렇다. 지나치게 교조적인 마르크스주의의 결여로 미국이 얻은 이익은 지나치게 교조적이고 철두철미한 자유주의와 개인주의의 무정부주의로 인해 상실되고 만다. 이것은 미국의 부와 안전 그리고 광활함이 다른 어떤 나라보다도 미국에서 더욱 강력한 힘을 부르주아의 환상들에 부여했던 사실로 인해 초래된 결과이다. 따라서 미국은 이 문제의 해결에서 영국보다 더욱 많은 사회적 마찰과 격변을 예상해야 한다. 영국의 국제적 입지가 우리보다 더욱 위태로울지는 모르겠지만, 영국의 국내적 평화와 질서는 미국보다 더욱 안전하다.

III

재산 문제와 관련해서 마르크스주의가 자유주의보다 진실에 더욱 가깝다고 해도, 마르크스주의가 제안하는 있는 재산의 사회화는 이 문제의 해결책으로서 너무 단순하다. 마르크스주의의 오류에 대해 분석해보면, 마르크스주의와 자유주의가 재산에 대한 개념에서는 상반된 입장을 가지고 있음에도 불구하고, 양자 사이에 흥미로운 친밀성이 발견된다. 자유주의와 마르크스주의는 "빛의 자녀들"의 환상을 공유하고 있다. 둘 중의 그 어떤 쪽도 개인적 형태든 사회적 형태든 간에 보편적 이익에 반대되는 특수한 이익의 도구로 사용될 수 있는 권력의 형태로서 재산을 포착하지 못하고 있다. 자유주의는 사적인 재산과 관련해서 이런 실수를 하고 있으며, 마르크스주의는 사회화된 재산과 관련해서 동일한 실수를 하고 있다.

재산에 대한 부르주아의 생각은 자유주의의 일반적인 실수를 공유하고 있다. 즉, 정치적 영역에서든 경제적 영역에서든, 모든 개인적 권력이 절제력을 가지고 있으며 제한되어 있으며 또한 일차적으로 방어적이라는 믿음을 공유하고 있다. 존 로크는 재산의 권력을 그 개념에 대한 정의(定義)를 통해서 제한했다. 한 사람의 재산은 자연의 부분이며, 거기에 그는 "자신의 노동을 혼합" 시켰다. 따라서 그의 노동의 제한선이 그의 재산의 제한선이다. 그는 이렇게 선언한다. "자연은 재산에 대한 측량법을 인간의 노동과 삶의 편의라는 크기로 잘 정해주었다. 인간의 노동이 모든 것을 통제하거나 전유할 수도 없으며, 그의 즐거움이 작은 부분 그 이상을 소비할 수도 없다. 따라서 어떤 사람이 이런 방식으로 다른 사람의 권리 위에 자리를 잡거나, 그의 이웃에게 해를 끼치면서 재산을 취득하는 것은 불가능했다."[8]

로크는 다음과 같은 사실을 확고하게 의식하고 있었다. 역사는 초기의 재산 관계들을 세련되게 만들어 왔다는 것이다. 다시 말해서 "토지의 전유"에 의해서, 돈의 발명을 통한 통상의 확장에 의해서 재산이 더 이상 제한적이지 않게 되었으며, 재산의 분배도 더 이상 공정한 평등성을 가질 수 없게 되었다는 것이다. 로크는 사실 천진무구의 상태, 곧 "인간이 필요로 하는 것보다 더 많이 가지려는 욕망이 사물들의 고유한 가치를 변화시켜 놓기 이전의"[9] 시대에 대한 생각을 가지고 있었다. 로크에 따르면 "자연의 상태"에서 - 이것이 마르크스주의에서는 공산주의의 상태로 묘사되고 있는데 - 모든 사람은 타인의 권리들을 침해하지 않는, 엄격하게 제한된 재산의 권리들을 가진다. 로크는 "시민 사회"에서 자연 상태의 자연적 균형이 파괴되었다는 것을 깨달았다. 그것이 바로 시민 정부가 필요하게 된 이유다. 시민 정부의 일차적인 기능은 각 구성원이 더 이상 자신의 권리로 재산을 보존할 수 없기 때문에 각 구성원의 "재산을 보존하는 것"이다. 왜냐하면 "각 구성원은 자신의 사적인 판단의 기소를 통해서 자연법을 범하는

8) Ibid., Book II, ch. v, par. 36.

9) Ibid., 37.

공격들을 처벌하는 자신의 권리를 중지시켰기"[10] 때문이다.

이것은 자유방임주의 이론이 아니다. 로크는 중농주의자들이 한 세기 후에 주장한 것과 같은 경제적 관계에서의 자율적인 균형유지를 믿지 않는다. 하지만 그는 동시에 경제적 권력이 얼마나 과도해질 수 있으며 불균형에 빠질 수 있을지를 완전히 이해하지 못했다. 그는 정치적 국가가 심판의 기능을 하면서, 타인의 부당한 권력에 맞서는 각 사람의 재산 권력을 보호해준다고 생각한다. 그는 재산이 매우 사회적으로 될 수 있고, 그 권력이 매우 집중화되고 과도해져서 재산 제도 자체의 재구성이 요구될 수 있는 상황을 예견하지 못하고 있다.

이후의 중농주의와 자유방임주의 이론은 재산, 부에 대한 이자, 임금 및 경제적 과정에서의 모든 다른 요소들이 자유로운 시장과 경쟁에 의해서 자동적으로 균형을 유지하게 된다고 추정한다. 이 이론은 모든 경제적 과정이 경제적 힘의 불균형 상태에서 시작한다는 중요한 사실을 간과했다. 어떤 사람은 토지를 가지고 있지만, 어떤 사람은 그렇지 않다. 어떤 사람은 상업적·산업적 과정에 발판을 마련하지만, 어떤 사람은 그렇지 않다. 근대 기술 문명은 경제적 힘의 이런 불균형을 감소시키기 보다는 오히려 가속화시킨다. 리카르도(Richardo)가 처음으로 알아보았고, 마르크스가 더욱 완전히 파악했던 이 사실은 재산에 대한 자유주의적 생각들이 가진 기본적 전제들을 무효화한다. 경쟁적 자본주

10) Ibid., ch. vii, par. 88.

의로부터 독점적 자본주의로의 발전은, 재산이란 일차적으로 자신을 이용해 먹으려는 타인들의 경향성에 맞서기 위해서 사용되는 절제되고 방어적인 권력이라는 생각을 역사적으로 반박하고 있다. 모든 다른 형태의 권력처럼 재산은 방어적이면서 동시에 공격적이다. 그리고 그 두 기능 사이에 명백한 구분선을 그을 수 없다. 타인을 지배하기 위해서 재산을 사용할 유혹을 받지 않을 정도로 적은 양을 소유하는 한에서만 재산은 방어적이다.

어떤 의미에서 근대 기술사회에서 완화되기보다는 강화되고 있는 경제력의 불균형은 부르주아의 재산윤리뿐만 아니라 초기 그리스도교의 재산윤리도 반박하고 있다. 왜냐하면 초기 그리스도교 이론이 재산은 다른 사람의 죄에 맞서는 방어를 위해서 불가결한 것이라고 추정했지만, 재산이 불리한 경제력을 가진 다른 사람들에게 맞서는 자아의 죄의 도구가 쉽사리 된다는 것을 제대로 인식하지 못했기 때문이다.

만약 역사에 권력의 자연적인 조화나 균형이 자연에서처럼 이루어질 수 없다는 사실이 완전히 이해된다면, 그리고 진전하는 문명은 이미 원시 공동체들에서조차도 존재한 그런 권력의 불균형을 완화하기보다는 강화하는 경향이 있다는 사실이 완전히 이해된다면, 재산의 권리들이 부정의(不正義)의 도구들이 된다는 것은 명확해진다. 이런 의미에서 역사에서 재산의 영향에 대한 마르크스주의의 해석은 옳다. 하지만 재산 문제에 대한 마르크스주의의 해결은 옛날 자유주의적 환상의 단순한 다른 형태와 관련되어 있다. 마르크스주의는 재산의 사회화가 공동체에서 경제력의 모든 불균형을 제거할 것이라고 추정한다. 마르크스주의는 혁명의 이면에서 권력의 완벽한 균형을 기대한다. 자유주의 이론은 이 균형을 현재 사회에서 경제력의 한 특징이라고 여긴다. 마르크스주의는 보편화된 재산마저도 특수 이익의 도구가 될 수 있다는 것을 이해하지 못하고 있다.

마르크스주의적 환상은 부분적으로 인간의 자연적 본성에 대한 낭만주의적 개념으로부터 도출되었다. 사람들이 서로를 이용하려는 성향이라는 타락이 재산 제도에 의해 역사로 도입되었지만, 재산의 사회화가 인간의 이기주의를 제거할 것이라고 마르크스주의는 가정한다. 어떤 사회에서도 가능한 인간의 이기주의의 지속적이고 끈질긴 특성을 이해하지 못했기 때문에, 마르크스주의는 혁명의 이면에 있는 인간 행태를 완전히 잘못 평가하게 되었다.

마르크스주의적 환상의 두 번째 원천은 재산의 소유가 경제력의 유일한 원천이라고 믿고 있는데 있다. 산업 과정의 경영과 조작이 사회적 권력을 형성한다. 그런 권력이 자본주의 사회에서는 소유 권력에 종속적으로 남아있다.[11] 하지만 그런 권력은 사적인 소유의 권리들이 파괴된 사회에서도 언제나 자연스럽게 성장한다. 러시아에서 경영자 계급이 발전하여 경제적 권력을 정치적 권력과 결합시키고 있는데, 이것은 마르크스주의 이론을 역사적

11) 제임스 번햄(James Burnham)이 그의 책『경영자 혁명』(*Managerial Revolution*)에서 주장하고 있는 만큼 경영 권력이 그렇게 크지는 않다. 그럼에도 불구하고 그는 기술사회에서 경영자의 권력이 증가하고 있는 상황을 분석하는 것에 기여했다.

으로 반박하고 있다. 최근 몇 년 동안 기술적 경쟁력에서 정치적 특권을 끌어내었던 산업 기술자들이 정치적 특권을 통해서 산업적 입지를 획득했던 경영자들을 대체하려는 경향이 있었다.[12)]

마르크스주의 이론은 새로운 사회에서 과두제가 불가피하게 발생하는 것을 예상하지 못했는데, 이는 부분적으로 마르크스주의 이론이 그런 사회의 낭만적인 관계들에 대한 유토피아적 생각들을 가지고 있었으며, 이로써 모든 형태의 강압적인 권력의 불가피한 사용을 미연에 방지할 수 있다고 생각했기 때문이다. 또한 마르크스주의 이론이 경제적 권력을 너무 절대적으로 사적인 소유의 권력과 동일시하고 있는 것도 그 부분적인 이유다.

마르크스의 이론은 당연히 잠정적인 정치적 과두지배, 즉 "프롤레타리아 독재"를 준비한다. 하지만 마르크스주의 사상 그 어디에도 이 과두제의 손 안에서 이루어지는 정치적 권력과 경제적 권력의 조합이 파악되지 않는다. 또한 과두제의 정치적 권력에 규제를 가하는 준비가 이루어져 있지 않다. 왜냐하면 마르크스주의의 유토피아적 이념에는 공산주의의 궁극적인 보편적 승리가 점차 모든 형태의 정치적 강압의 - 당연히 잠정적인 독재의 강압을 포함하여 - 필수성을 제거하게 될 것이라는 환상이 담겨있기 때문이다.

이런 환상들은 순전히 빛의 자녀들의 어리석음이 낳은 결실이

---

12) 이런 발전에 대한 자세한 분석에 대해서는 다음을 보라. Gregory Bienstock, Solomon Schwartz and Aaron Yugow, *Management in Russian Industry and Agriculture,* Oxford Press.

며, 차이가 있기는 하지만 마르크스주의적 보편주의와 부르주아 보편주의 사이의 친밀성을 드러내고 있다. 부르주아적 재산이론은 개인적 재산의 권력에 맞서는 안전장치를 갖고 있지 않다. 그리고 마르크스주의 이론은 사회화된 경제 과정을 조정하는 사람들이나 경제적 과정과 정치적 과정에 대한 통제를 결합시키는 사람들의 과도한 권력에 맞서는 보호 장치를 갖고 있지 않다.

한 공동체가 점전적인 단계로 재산의 사회화에 접근하고, 혁명과 독재의 시대를 회피했다고 하더라도, 그 공동체는 여전히 경제적 과정뿐만 아니라 정치적 과정 모두를 관리하는 사람들의 손 안에 있는 과도한 사회적 권력을 창출하지 않은 채로, 어떻게 재산을 사회화할 것인지 하는 문제에 직면할 것이다. 한 공동체가 큰 규모의 산업적 재산을 사회화하면서도 정치 영역에서 민주주의 제도들을 보존한다면, 그 공동체는 경제적 경영자들의 권력에 대한 민주적인 검토를 활용할 것이다. 하지만 경제적 경영자들의 권력이 매우 크기 때문에 그들은 정치 제도들을 통제하는데 그 권력을 사용할 수 있을 것이다.

이런 복합적인 상황들에 대한 완전한 분석은 재산 문제에 대한 단순한 해결책들이 타당하지 않다는 점을 확실히 보여준다. 모든 다른 형태의 사회적 권력과 마찬가지로 경제적 권력이 적당한 정도로 소유된다면, 그것은 방어적인 권력이 된다. 하지만 그것이 권력 행사자에게 타인들을 지배하는 권력을 부여할 정도로 커지면, 그것은 부정의(不正義)의 유혹이 된다. 그렇기 때문에 경제적 권력을 매우 광범위하고도 가장 공평하게 분배하는 것이 정의의 최고조에 도달하는 길이 될 것이다. 그리고 이것이 자유주의 이론에 대한 잠정적인 정당성을 부여할 것이다. 하지만 부르주아 자유주의는 역사적 사실들에 의해 부정되고 있는, 공동체에서의 경제적 권력의 자연적 평형 상태를 상정한다. 그러나 만약 경제적 과정을 엄격하게 홀로 내버려두면, 강자가 약자를 집어삼켜서 경쟁은 사라지고 독점만이 판을 치거나, 아니면 경쟁이 공동체 내에 혼란을 야기할 것이다. 기술적 상호의존성이 심화된 근대적 상황에서 경쟁의 무정부 상태는 종종 공동체가 경제적 과정의 통합을 파괴하기보다는 오히려 고양시켜서 (예를 들어서 공공사업에서) 경쟁으로 인한 낭비를 피하게 한다. 독점의 경향은 기술사회에서 공동의 관계들의 상호의존성이 일반적으로 증가함에 따라 명백히 수반되는 일이다. 기술적 과정의 통합이 공동체에 대한 봉사가 되는 한 (공동체 안에서 권력 집중화의 위험이 있다고 하더라도), 그 수반되는 위험들을 피하기 위해서 통합을 파괴하려고 하는 노력은[13] 이전 시대에 농토에 기계를 사용하는 것을 막기 위해서 기울였던 소작농들의 노력과 마찬가지로 어리석고 소용없는 일로 보인다. 공동체는 그 과정의 통합성과 효율성을 파괴하지 않으면서도 집중화된 권력의 문제를 다루는 방법을 찾아야 한다. 권력과 부의 사회적 소유가 통합된 과정으로부터 나온다면, 그것은 거침없는 역사적 발전을 무시하고 그 개별적 특성을 유지하려고 노력하는 것보다 분명히 더욱 타당한 일일 것이다. 하지만

---

13) 셔먼(Sherman) 독점금지법이나 반(反) 연쇄점(anti-chain store) 법안의 경우처럼.

공동체가 세력들의 균형을 더욱 잘 유지하고 권력의 지나친 집중화를 막기 위해서 효율성을 희생시키는 것이 현명할 수도 있다.

이것은 단 한 번의 시도로 풀릴 수 있는 문제의 종류가 아니다. 경제적 권력의 너무 미약한 균형과 너무 과도한 균형으로부터 혹은 경제적 권력에 대한 너무 과도한 통제나 너무 미약한 통제로부터 생기는 무정부 상태와 부정의(不正義)라는 대조적인 위험들은 각각의 새로운 상황과 기술적 발전의 견지에서 고려되어야 한다. 다시 말해서 재산의 문제는 민주주의적 과정의 틀 안에서 계속해서 풀어가야 한다. 적절한 해결책 마련을 시도함에 있어서 재산의 유형들을 모종의 방식으로 구분하는 것은 최종적이지 않다고 해도 가치 있는 일이다. 어떤 형태의 재산은 다른 사람들에 대한 자연적 권력 그 자체에 의한 것이 있는가 하면, 애초에 타인들의 권력 강화에 맞서거나 생명과 자연의 갑작스러운 변화에 맞서서 한 개인을 안전하게 지켜주는 권력으로서의 재산의 형태가 있다는 것은 기억할 만하다. 또한 원초적으로 한 사람의 사회적 기능을 수행하기 위한 재산으로서의 소유라는 또 다른 형태도 있다. 그러나 근대 문명은 이런 구분들에 반대되는 사회화 과정들을 발전시켰다. 노동자의 도구는 개인적 권력 확장의 가장 뚜렷한 형태이다. 그것은 그의 기능을 수행하는데 도움이 된다. 하지만 노동자가 소유하기에는 도구가 너무 커졌다. 가정집은 개인의 안전을 위한 가장 명백한 형태의 재산이다. 하지만 도시 공동체들에 수많은 사람들이 거주하게 됨으로써 가정집은 개인적 소유의 범위를 벗어나게 되었다.

토지 재산은 개인의 안전보장이기도 하며, 동시에 기능수행을 위한 도구이기도 하다. 따라서 토지에 대한 개인적 소유는 교조적 집산주의자(集産主義者)들이 결코 이해할 수 없었던 도덕적 정당성을 갖고 있다. 하지만 지주제도는 가장 오래된 억압의 형태이며, 기술 문명의 효과들이 농업을 그대로 놔두지 않았다. 기계화는 대규모 농업생산의 경향성을 가진다. 그리고 소규모 소유자들이 대규모의 기계를 사용하는 자발적인 협력을 발전시키기를 배우지 않는 한, 대규모 생산은 소규모 소유자들을 파괴하는 경향을 띤다. 많은 해결책들은 새로운 상황이 맞이하는 자원의 정도에 의존하는 것이기에 추상적으로 결정될 수 없다.

기술적 상호의존성의 강도와 외연이 재산에 대한 부르주아적 이해들을 무효화시킬 뿐만 아니라 역사의 논리를 사회화에 대한 제안 뒤로 물러서게 만들었다고 했을 때, 그 논리는 여전히 모호하다. 경제적 권력과 정치적 권력을 결합시키는 위험이 없는 형태의 재산의 사회화는 없기 때문에 현명한 공동체는 신중히 처신하면서, 모험을 감행하기 전에 각각의 새로운 모험의 효과들을 검증해야 할 것이다.

다시 말해서 민주주의 사회에서 재산의 문제에 대해서 지속적인 토론이 있어야 하며, 새로운 발전에 대한 지속적인 조정 작업이 있어야 한다. 하지만 그런 토론은 대립되는 당파들 사이에 어떤 공통분모가 있을 때라야 가능하다.

재산과 관련한 상반된 신조들의 모순이 가장 쉽게 해소될 수 있는 것은, 양쪽 모두의 기저를 이루고 있는 유토피아주의가 척결될 때이다. 마르크스주의적 신조가 부르주아 신조에 도전하는 힘을 발전시켜 본 적이 없었던 미국과 같은 공동체들에서 일차적으로 요구되는 정의는 지배적인 신조가 의혹을 받게 하는 것이다. 재산에 관해서 자유주의 이론들이나 마르크스주의 이론들 양자 모두에게 모호하게 남아있는 명백한 사실은 다음과 같다. 모든 재산은 권력이다. 그런데 어떤 형태의 경제적 권력들은 본질적으로 다른 권력들보다 더욱 정상적이며 따라서 더욱 방어적이다. 하지만 정상적인 것과 과도한 것 사이에 선명한 구분선을 그을 수 없다. 그리고 재산이 경제적 권력의 유일한 형식이 아니며, 따라서 사유 재산의 파괴가 한 공동체에서의 경제적 권력의 평등화를 보장하지 않는다. 과도한 권력은 그 권력 소유자들로 하여금 그 권력을 오용하도록 유혹하는데, 이것은 그 권력을 권력의 소유자들 자신의 목적을 위해 사용한다는 것을 의미한다. 정치적 과정과 마찬가지로 경제적 과정에서도 정의를 위해서 권력을 가능한 한 분립시킬 것이 요구되며, 질서를 위해서 이 평등을 가급적 잘 이끌어가는 것이 요구된다.

이런 입장들 중의 그 어떤 것도 해당 사례에서 재산에 관한 특정 문제를 해결하지 못한다. 하지만 이 입장들은 모두 재산의 문제를 민주주의적 과정의 틀 안으로 끌어 들인다. 왜냐하면 민주주의는 해결할 수 없는 문제들에 대해서 가장 근접한 해결책들을 찾아가는 방법이기 때문이다.

4장

민주주의적 관용과 공동체의 단체들

4장

민주주의적 관용과 공동체의 단체들

I

18세기 민주주의자들의 믿음이나 기대와 달리 한 국가 공동체는 다수의 민족적·문화적·종교적·경제적 단체들에 의해서 통합되어 있기도 하고 분열되어 있기도 하다. 초기 민주주의 이상주의자들은 너무나도 개인주의적이었기에 이런 단체들의 창조적인 특성을 간파하지 못했거나, 이런 단체들로부터 생겨날 수 있는 분열의 항구적인 위험성을 예측하지 못했다. 미국 건국의 아버지들은 "파당"을 순전히 악으로 간주했다. 미국 헌법은 정치적 당파들의 출현을 막도록 설계되었다. 하지만 바로 이 정치적 당파들이 없다면 우리의 민주적인 절차들을 유지하는 것이 불가능한 형편이 되었다. 미국의 초기 입헌자들 중 한 명인 메디슨(Madison)은 당파들의 불가피성을 인식할 수 있었던 현실주의자였다. 하지만 그조차도 다방면으로 당파들의 발전을 제한하려고 시도했다.

18세기의 개인주의는 17세기 경험의 관점에서 볼 때 상당히 기이한 것이다. 영국의 민주주의는 본질적으로 17세기가 이뤄낸 성취였다. 그것이 출현하게된 요인은 국가가 민주주의적인 조건 외에는 문화적 다양성의 문제를 해결할 길이 없다는 데 있었다. 중세 시대의 종교적·사회적 통일성이 해체됨으로써 다양한 경제적·종교적 단체들이 각기 자신의 고유한 종교적·경제적 확신을 매우 자유롭게 표출했다. 그들 중의 대부분은 자신들의 입장이 국가 전체에서 만연해지기를 희망했다. 하지만 그 어떤 단체도 이 목표를 성취할 만큼 강력하지 못했다. 종교적 단체들 중에서 오직 독립파(Independents)와 수평파(Levellers)만이 순전히 종교적 관용을 믿었다. 이미 생성되어 발전해 갔던 다양한 종교 단체들과 문화 운동들을 더 이상 문화적 획일성의 양식 안으로 편입시킬 수 없게 되었기에, 나머지 단체들도 결국 종교적 관용이 유일한 해결책임을 수용하게 되었다.

따라서 민주주의는 어떤 의미에서 역사의 거침없는 힘에 의해 만들어진 문화적·종교적 다원성의 열매라고 할 수 있다. 17세기는 어떤 점에서는 원시 부족의 획일성이 처음으로 해체되면서 시작되었던 긴 역사적 과정의 정점이었다. 원시적 삶에서 완전한 획일성은 공동체적 통일성을 위한 필수 전제조건이다. 상상력이 발전하면 발전할수록 사람들의 삶이 한 공동체 안에서 자기 자신을 다양하게 표출하는 것을 허용하는 것이 더욱 가능해지고 더욱 필요해진다. 하지만 그런 다양성에서 기인하는 불화의 위험은 항상 매우 크며, 또한 한 공동체에서 지배적인 단체의 자존감은 매우 고압적이어서 통일성을 지키기 위해 항상 어떤 노력을 기울이게 된다. 심지어 역사의 힘들이 문화의 다채로운 형태들을 정교하게 만들어놓고 난 후에도 그렇다. 르네상스와 종교개혁은 서양 세계에서 수세기의 중세적 획일성이 막을 내린 후 이런 다양성이 마침내 분출한 것이었다. 인문과학, 자율적인 민족 문화들, 종교적 분파주의라는 새 포도주는 더 이상 낡은 병에 담겨져 있을 수 없었다.

가톨릭 교인들은 르네상스와 종교개혁을 타락의 세력으로 규정하기를 좋아한다. 르네상스와 종교개혁이 그리스도교 세계의 통일성을 파괴하기 시작한 장본인이기 때문이다. 그들이 수립했던 새로운 자유와 다양성은 실제로 공동체를 혼란으로 위협했으며, 또 때로는 실제로 혼란에 빠지게 했다. 혼란은 자유에 따르는 항구적인 위험요소이다. 하지만 어느 정도의 정신적 성숙에 도달한다면, 강요된 획일성은 자유보다 더욱 타락한 것이다. 성숙한 문화들은 마침내 자유의 조건들 안에서 공동체적 조화를 달성해야 할 필요성에 직면할 것임에 틀림없다. 르네상스와 종교개혁은 타락의 시대가 아니라 창조의 시대를 여는 시발점이 되었다. 하지만 다음과 같은 점은 인정되어야 한다. 서양의 역사는 새로운 자유로부터 생겨나는 모종의 타락의 형태들을 막아내지 못했다. 마치 청소년들이 어린이 시절의 제한들로부터 해방된 후에, 인생을 항상 잘 대처해나갈 수 있는 것은 아닌 것과 마찬가지였다.

민주적인 기구들은 문화적 다양성과 사회적 다원성의 결과일 뿐만 아니라 그 원인이기도 하다. 자유가 한번 확립되고 나면 경제적 이해관계들, 문화적 신념들, 민족적 혼합이 더욱더 다양하게 빠른 속도로 확산된다. 전통적인 공동체들은 종교적으로만 아니라 민족적으로도 동질적이었다. 농업경제의 안정성은 계급세력들을 정적인 균형 혹은 불균형 상태에서 유지시키고 있었다. 하지만 종교적·문화적 통일성이 깨어졌을 때 모든 다양한 세력들이 움직이기 시작했고 역동적이게 되었다. 대부분의 근대 국가들에 중추를 이루는 민족적 단일성이 있기는 하지만, 근대 국가들은 더 이상 민족적으로 동질적이지 않다. 더구나 모든 근대 국가들은 역동적인 계급 세력들과 경합을 벌여야 한다. 계급 긴장들이 어떤 근대 국가 공동체들에서는 통일성의 기초 자체를 파괴할 수도 있으며, 또 실제로 그렇게 되기도 했다. 하지만 기술 문명의 복잡성으로 인해 그런 계급 긴장들을 강압적인 통일성의 협소한 한계들로 되돌려 놓는 것은 불가능하다. 민주주의는 공동체의 통일성과 생존을 파괴하지 않은 채 자신들의 입장을 표현하는 것을 허용하는 방법을 반드시 찾아야 한다.

나치주의의 더욱 심오한 중요성은 나치주의가 공동체에서 원초적인 통일성을 재확립하려고 추구했다는 점에 있다. 나치주의는 이것을 놀랄 만한 정도의 일관성으로 시행했다. 나치주의는 인종의 종족적 동질성을 추구했으며, 종족적 종교의 기반에 자리잡은 문화적 통일성을 추구했으며, 모든 경제적 자유를 억누르기에 충분할 정도로 권력을 가진 전능한 국가의 창출을 통해서 경제적 통일성을 추구했다. 이런 나치주의의 노력은 다음과 같은 점에서 중요한 의미를 담고 있었다. 자유의 위험성들은 아주 심각하기에, 그 결과 나치주의와 같은 방식으로 자유의 위험성들을 막아보려고 시도하게 될 공동체들이 나타나리라는 것을 보여주었다는 점이다. 하지만 그 노력은 물론 심각하게 비뚤어진 것이었다. 성숙하고 고도로 세련된 형태를 갖춘 공동체가 그 종족적 단순성의 통일성으로 회귀하는 것은 불가능하다. 그것은 성숙한 어른이 성숙함의 위험들을 피하기 위해서 어린 시절로 회귀하려고 하는 것이 불가능한 것과 마찬가지다. 원시주의가 왜곡으로 귀결되며 강압적 통일성이 (순수하게 원시적인 생활의 자발적 통일성 대신에) 가학적인 잔인함을 산출한다는 사실은 우리 문명이 배워야 할 엄청나게 유익한 가르침이다. 그것은 우리에게 다음과 같은 것을 가르치고 있음에 틀림없다. 즉, 공동체적 성숙함의 고도화된 형태들이 우리에게 내어놓은 문제들을 풀기 위해서 우리가 뒤로 돌아갈 수 없으며, 오히려 앞으로 나아가야 한다는 것이다.

어둠의 자녀들은 이런 경우에 모든 다른 특수한 생동성의 표현들에 반대하면서 국가 공동체의 거짓된 보편성을 내세운다. 하지만 참된 보편주의는 삶의 풍성함과 다양함을 파괴하지 않으면서 조화를 이루어나가는 것을 추구해야 한다. 민주주의 문명이 가진 가장 큰 과제들 중의 하나는, 삶의 다양한 하부 단체들, 즉 민족적·종교적·경제적 단체들을 공동체로 통합시킴에 있어서 전체 공동체의 풍성함과 조화가 그 하부 단체들에 의해서 파괴되지 않고, 오히려 향상되게 하는 방법을 찾아야 한다는 것이다.

II

민주주의 문명에 부가된 이 과제를 세 가지 원초적 단체들의 측면에서 고찰해보려고 한다. 종교적 단체, 민족적 단체, 경제적 단체가 그것이다. 이 단체들에 의해서 공동체의 삶이 풍요롭게 되기도 하고 위태롭게 되기도 한다. 종교적 논쟁들이 오늘날 공동체에서 가장 영향력이 큰 분쟁의 근원은 아니라고 해도 문화적·종교적 다원성의 이슈를 먼저 고찰하는 것이 좋다. 종교적 다양성이 잠재적으로 가장 기본적인 분쟁의 근원으로 남아있기 때문이다. 종교적 이념과 전통들이 공동체의 조직화에 직접적으로 관여하지는 않을 것이다. 하지만 그것들은 정치적 원리들이 연역되어 나오는 도덕적 표준들의 궁극적인 근원이다. 때로는 어떤 문화적 구조의 토대뿐만 아니라 그 정점까지도 종교적이기도 하다. 왜냐하면 어떤 가치체계는 결국 삶의 의미에 관한 궁극적인 질문에 대해 주어진 궁극적인 대답에 의해 결정되기 때문이다. 이것은 어떤 부수적인 가치를 격상시켜 은밀히 궁극적인 지위로 올려놓고, 그것을 신으로 숭배하는 표면상의 세속적 문화에 대해서도 마찬가지다. 종교적·문화적 다양성은 공동체의 불화에서 가장 잠재성이 높은 원천으로 드러날 것이다. 삶의 의미에 관한 최종적인 물음에 대한 다양한 대답들이 도덕적 질서와 정치적 조직화의 모든 근접한 이슈들에 상충하는 대답들을 양산하기 때문이다. 마호메트교와 힌두교 사이의 깊은 골은 예를 들어서 인도의 통일과 자유에 매우 심각한 위험요소이다. 종교적·문화적 다양성이 지리적으로 지역화되고 뚜렷해져서 소통과 상호접촉이 중단될 때마다 공동체의 화합에 대한 위험성이 증가한다.

서양 세계에서의 종교적·문화적 다양성 문제에 대해서 일차적인 접근법 세 가지가 있다. 그것의 장점들을 순서대로 평가해보려고 한다. 첫 번째는 (특별히 가톨릭주의에 의해서 전형화된) 종교적 접근법이다. 여기서는 종교적 다양성을 극복하고 문화의 원래적 통일성을 복구하려는 노력이 기울여진다. 두 번째는 세속주의의 접근법이다. 여기서는 전통적인 역사적 종교들에 대한 반대를 통해서 문화적 통일성을 획득하려고 시도한다. 세 번째는 다시 한 번 종교적 접근법이다. 여기서는 종교적 다양성의 상황 안에서 종교적 활력을 유지하는 것이 추구된다.

가톨릭주의는 오로지 노골적으로 역사에 의해서 강요될 때, 한 국가 공동체에서의 종교적 다양성을 수용한다. 두드러지게 가톨릭적인 국가들에서 가톨릭주의는 공적인 지위를 주장한다. 두드러지게 세속적이거나 개신교적인 국가들에서 가톨릭주의는 자유로운 국가 안에서의 자유로운 종교라는 정책에 복종하지만 이런 상황을 잠정적인 것으로 간주한다. 가톨릭의 교리적 입장은 다음과 같다. 참된 종교는 알려지며 타당성을 얻기 마련이다. 또한 국가의 업무는 참된 종교를 지지하는 것이다. 교황 레오 13세는 다음과 같이 말한다. "종교를 돌보지 않거나 … 혹은 종교의 많은 형태들 중에서 욕망에 장단을 맞추는 하나를 채택하는 것은 국가의 죄다. 우리는 하나님이 자신의 뜻이라고 보여준 방식대로 절대적으로 하나님께 예배해야 하기 때문이다."[1] 가톨릭 교리에 따르면, "국가가 잘못을 지지하거나 잘못을 용인하는 것은 정당화되지 않는다. 잘못을 진리와 동일한 인식으로 용인해서 안 된다."[2] 이때 진리는 물론 가톨릭 신앙에서 구현되어 있다.

명백히 이 입장은 자유로운 사회의 전제들과 충돌한다. 존 라이언(John A. Ryan) 신부와 프란시스 볼런드(Francis J. Boland) 신부는 가톨릭주의자들에게, 비(非) 가톨릭 민주주의자들의 두려움을 진정시키려는 마음에서 이 교리의 효력을 부정하거나 약화시키는 오류를 범하지 않도록 주의하라고 경고한다. 가톨릭주의가 한 국가에서 우연찮게 단순히 다수를 차지한다고 해도 자신에게 반기를 드는 신앙들을 억압할 권리를 주장하지 않는다는 사실에 주의를 기울이게 하는 것이 더욱 좋은 정책이 될 것이라고 두 신부는 생각한다. 가톨릭이 압도적 다수를 점한다고 해도, 반기를 드는 신앙에 대한 억압으로 공공의 평화를 위협하는 일이 일어나지 않을 것이라는 것이다. 라이언과 볼런드의 논증에 따르면, 이런 조건이 가톨릭 정책의 적용 가능성을 종교적 문화가 다양화된 국가에 이르기까지 확대시켜서, "어떤 현실적인 사람도 이로

---

1) 회칙 *Immortale Dei.*

2) J. A. Ryan and F. J. Boland, *Catholic Principles of Politics,* p. 314.

인해서 자신의 심기가 불편해지지 않게 만들 것이다."[3] 달리 말해서 이 가톨릭 신부들은 공식적인 가톨릭 정책이 근대 국가의 상황에 부적합하다는 것을 인정한다. 왜냐하면 근대 국가의 상황에서 종교적 다양성이 매우 활발하게 발전해 갔고, 그 결과 그 어떤 예측가능한 미래에서도 종교적 단일성이 성취될 수 없게 되었기 때문이다. 하지만 이런 부적합성에도 불구하고 그 정책이 유지되어야 한다는 주장에 주목하는 것은 중요하다. 이것이 자유로운 사회의 입장과 가톨릭 종교의 경직된 권위주의 사이에 존재하는 아주 큰 틈을 드러내고 있다.

근대의 세속주의자들과 일부 개신교도들은 가톨릭 입장을 아주 황당한 것으로 여긴다. 가톨릭 입장이 민주주의 사회와 근본적으로 갈등을 겪고 있지만, 종교적 다양성 문제에 대한 세속적 접근의 약점은 그 문제에 대한 가톨릭의 대답에 어느 정도의 타당성을 항상 부여할 것이다.

하지만 세속적 접근의 약점을 고찰하기 전에 그 장점들을 먼저 고찰해보는 것이 필요하다. 근대의 민족 공동체들은 세속화된 공동체를 희망하지는 않지만 그래도 종종 세속적 국가를 선호한다. 왜냐하면 그들은 오직 그런 세속적 국가만이 한 종교가 공식적 지위를 얻는 것을 막을 수 있다고 생각하기 때문이다. 이것은 이를테면 로저 윌리암스(Roger Williams)의 입장이었다. 그는 경건한 종파적 그리스도인이었지만, 그의 관용이론은 토마스 제퍼슨

3) *Ibid.*, p. 321.

(Thomas Jefferson)의 관용이론과 더불어서 종교의 자유에 대한 미국의 신조들을 결정하는데 가장 큰 영향을 끼쳤다. 18세기 프랑스의 경우처럼 때때로 세속적 국가는 세속적 문화의 표현이었다. 종교적 관용에 대한 미국의 이론들은 어느 정도 한편으로는 세속화된 문화의 확신들을 구체화시킨 프랑스 이론들과, 다른 한편으로는 그리스도교적 문화의 전제들 안에서 성취된 종교적 자유를 말하는 영국 이론들 사이에 입지해 있다. 미국의 처음 형태는 세속적 국가였으며, 이것은 (고도로 분화된) 종파적 그리스도교에 의해서 선호되었다. 현재의 형태는 종교적 관용을 선호하는, 부분적으로 세속화된 공동체의 형태이다. 부분적이라는 것은 공동체 안에서 종교적 차이성들을 만들어내는 종교적 신념들을 중요한 것으로 간주하지 않기 때문이다.

순수 세속주의는 종교적 충성심을 계몽된 선의지(善意志)의 일반적인 확장과 함께 점차적으로 사라질 구시대의 문화 양식으로 간주한다. 순수 세속주의는 부르주아 자유주의의 특징적인 신조들로 구현된 "공동의 신앙"의 토대 위에서 공동체의 문화적 통일을 기대한다.[4)]

전통적인 종교적 충성심들이 상당히 쇠락해지지 않은 상태에서는, 그 어떤 근대의 민주주의 사회에서도 종교에 대한 관용이 성취될 수 없었다. 관용은 그 어떤 것도 믿지 않은 사람들이 가

---

4) 이것은 가장 전형적인 미국 세속주의 철학의 대가인 존 듀이(John Dewey)의 입장으로 그의 책 *A Common Faith*에서 드러난다.

지는 덕목이라고 길버트 체스터턴(Gilbert Chesterton)은 확고하게 주장했다. 하지만 어떤 사람들이 자신들과 상반된 신념을 가진 사람들과도 평화롭게 살아가기에 충분한 정도의 겸손을 갖추고 있음에도 불구하고 궁극적인 종교적 신념을 가질 수 있는 이상적인 가능성도 있다. 그러나 종교적 겸손은 종교적 무관심보다 획득하기가 더욱 어렵다. 이런 이유로 근대의 민주적 관용이 가능했던 것은, 부분적으로는 부르주아 문화가 종교적 신앙의 역사적 형태들이 가진 가장 특징적인 진술들에 대해 무관심한 마음을 창조해내었기 때문이기도 하다. 하지만 그런 피상적인 통일성의 기초 위에서 한 문화의 건강성이 유지될 수 있는지는 의문이다.

부르주아 여론의 동향이 세속화된 부르주아적 형태의 종교적 신념들을 제외하고는 모든 종교적 신념들을 점차적으로 소멸시킬 것이라는 희망 속에서, 모든 종교에 대해 잠정적인 자유를 명하는 민주적 관용의 이론은 근대적 "빛의 자녀들"이 가진 환상들의 전형적인 결실이다. 그들은 근대 사회가 근대의 자유로운 교육에 의해 계몽된, "선의지를 가진 사람들"의 공통된 확신들을 통해서 본질적인 통일성을 성취하리라고 기대한다. 이런 신념은 다양한 역사적 상황들에서 생기는 문화적·종교적 확신들의 무한한 다양성을 제대로 인식하지 못하고 있다. 이런 신념은 인간 문화에 미치는 특수성의 영속적인 힘을 이해하지 못하고 있다. 부르주아 신념의 가장 애처로운 면은, 그것이 자신의 특징적인 관점들과 신념들을 보편적으로 타당하고 적용 가능한 것으로 여기고 있다는 점이다. 그 관점들과 신념들이 서양 사회의 특수한 상황에서 번성했던 한 특정 계급의 특별한 신념들로 밝혀지고 있는 역사의 바로 그 시점에서도 그렇게 여기고 있다.

서양 사회뿐만 아니라 최종적으로는 인간 문화 전체를 통일시키기를 희망했던 부르주아 문화는 두 가지 종류로 자신을 표출시킨다. 하지만 그 각각은 궁극적인 종교적 확신들과 관련된 다양성의 문제를 해결함에 있어서 어려움을 지니고 있다. 그 한 형태에서 부르주아 세속주의는 그 자체로 은밀한 종교다. (좀 더 세련된) 다른 형태에서 부르주아 세속주의는 모든 관점들의 상대성과 모든 인간 지식의 유한성에 대한 회의적인 자각이다. 좀 더 단순하게 말한다면, 세속주의는 그 스스로가 삶의 궁극적인 문제들에 대해 궁극적인 대답을 가지고 있다고 믿는 은밀한 형태의 종교다. 그 가장 심오한 신념은, 역사적 과정이 그 자체로서 구원이며, 또한 그것이 삶의 의미와 완성 모두를 보장한다는 것이다. 간단히 말해서 세속주의는 진보를 믿고 있다. 역사는 우리에게 지속적으로 더욱 큰 책임과 과제를 수여하고 있다는 의미에서 확실히 역사에 진보가 있다. 하지만 근대의 역사는 구원의 역사에 대한 근대적 믿음을 거의 완벽하게 반박하고 있다. 역사는 창조적이지만 구원을 가져다주고 있는 것은 아니다. 부르주아적 정신이 매우 신뢰하고 있었던 자연의 정복은 삶을 부유하게도 하지만 위태롭게도 한다. 사회적 결속의 강도와 범위의 증가는 공동체를 확장시키지만, 또한 사회적 갈등을 조장시키기도 한다. 다시 말해서 종교에 대한 부르주아의 대용물은 유감스럽다.

때때로 근대의 세속주의는 보다 온화한 종교적 용어로 표현된다. 근대의 세속주의는 삶의 목적이 민주주의 사회의 창조라고 생각한다. 삶의 의미의 한 부분이 인간의 사회적 관계에서 창조되고 성취되는 한, 이런 형태의 세속적 신앙은 적어도 반은 참이다. 하지만 또한 반은 거짓이다. 왜냐하면 인간은 자신이 관여된 모든 사회·정치적 과정을 초월하는 능력과 불가피성을 가지고 있으며, 역사적 과정의 부분적 성취와 좌절에서 대답을 찾을 수 없는 삶의 의미에 대한 궁극적 질문을 묻는 능력과 불가피성을 가지고 있다는 것을 세속주의는 이해하지 못하고 있기 때문이다. 민주주의 사회를 인간 실존의 목적으로 만드는 것은 나치주의 신념을 조금 덜 사악한 방식으로 표현한 것에 불과하다. 조금 덜 사악하다는 것은 민주주의 사회가 자신의 삶과 가식에 대한 비판을 허용하고 있기 때문이다. 따라서 그것이 완전히 맹신적인 것으로 되지는 않는다. 그럼에도 불구하고 그 신조는 위험하다. 어떤 사회도, 심지어는 민주주의 사회도 그 사회 자체를 인간 실존의 최종적인 목적으로 삼을 정도로 충분히 위대하고 선하지는 않기 때문이다.

보다 세련된 형태의 세속주의는 모든 인간의 관점들의 상대성을 의식하는 회의주의의 한 형태이다. 이런 형태의 세속주의는 도덕적 허무주의라는 심연 위에 존재하며, 삶 전체를 허무감으로 위협한다. 이렇게 해서 세속주의는 악마적 종교들이 쉽게 몰려드는 정신적 공백 상태를 만들어낸다. 유럽 대륙의 세속주의 형태들은 전반적으로 이런 식으로 보다 세련된 형태를 취했다. 반면에 미국의 세속주의는 더욱 단순해졌고, 그런 점에서 전반적으로 덜 위험해졌다. 삶의 사회적·정치적 문제들이 미국에서는 훨씬 더욱 잘 해결될 수 있는 것처럼 보였으며, 그 결과 이 나라는 구원의 역사라는 환상에 빠지기 쉬웠다. 한편 유럽 대륙에서는 삶이 매우 비극적이었기에, 이런 감상주의적 입장들이 번창할 수 없었다. 따라서 그리스도교 신앙이 설명하는 삶의 비극적 의미에 대한 의식이 소멸되었을 때, 절대적인 절망이 찾아오게 되었다. 하지만 그 누구도 절망 속에서는 살아갈 수 없기 때문에, 나치주의와 극단적인 민족주의와 같은 원초적이고 악마적인 종교가 공백 상태를 매우게 만들었다. 미국에서는 부르주아적 정신이 아직 궁극적인 문제들에 직면하지 않았고, 또한 그 신조의 부적절성과 맞닥뜨리지도 않았다. 이것이 바로 미국에서 문화의 세속화가 삶의 의미에 대한 궁극적인 질문에 대해서, 그리고 우리 사회의 통일과 조화의 당면한 문제에 대해서 여전히 적절한 대답을 제공하는 것으로 보이는 이유이다.

종교적 다양성의 문제에 대한 종교적 해결책이 있다. 이 해결책은 문화의 종교적 깊이를 파괴하지 않으면서도, 자유로운 사회 안에서 종교적·문화적 다양성을 가능하게 만든다. 이것은 매우 높은 형태의 종교적 헌신을 요구한다. 각 종교는, 혹은 한 단일 신앙의 각 형태는, 종교적 신앙의 모든 실제적 표현들이 역사적 우연성과 상대성에 매여 있다는 사실을 겸손히 회개하는 마음으로 인지하면서도, 여전히 각자의 드높은 통찰들을 선언하기를 추구할 것이 요구된다. 그런 인식은 관용의 정신을 만들어내며, 그래서 그 어떤 종교적 혹은 문화적 운동도 그 종교의 공적 타당성을 주장하거나 그 종교의 공적 독점을 요구하는 것을 주저하게 만든다.

종교적 겸손은 민주주의 사회의 전제들과 정확하게 일치한다. 심오한 종교는 신적 위엄과 인간적 피조성의 차이를 인식한다. 그리고 신의 활동의 무조건적인 성격과 모든 인간적 시도의 조건적 성격의 차이를 인식한다. 그리스도교 신앙에 따르면 모든 인간적 행위의 조건적이고 유한한 성격을 감추려고 시도하는 교만이 바로 죄의 전형이다. 따라서 종교적 신앙은 항상 지속되는 겸손의 원천이어야 한다. 왜냐하면 종교적 신앙이 사람들로 하여금 자신들의 타고난 교만을 완화시키도록 격려해야 하고, 또한 가장 궁극적인 진리라고 하더라도 그것에 대한 자신들의 진술의 상대성을 어느 정도 품위 있게 의식하는 상태에 도달하도록 격려해야 하기 때문이다. 종교적 신앙은 사람들에게, 그들의 종교가 가장 숭고한 진리에 대한 진술이라고 하더라도 거기에 몰래 개입해 있는 유한성과 우연성의 요소를 인식하고, 또한 비록 잘못과 죄의 요소를 자신들에게서 인식한다고 해도 그들의 종교가 가장 확실하게 참이라는 것을 가르쳐야 한다.

역사적으로 가장 높은 형태의 민주적 관용은 바로 이러한 종교적 통찰들 위에 자리 잡고 있다. 앵글로 색슨 족의 관용의 실제적인 기초는 17세기 영국의 종교적 경험에 놓여있다. 크롬웰 시대의 종교적 갈등들에는 종교적인 광신도들이 한몫했다. 그들은 자신들 특유의 그리스도교 신앙 형태에 대한 종교적 독점을 보호하기를 갈망했다. 또한 종교의 퇴락을 통한 관용을 희망했던 세속주의자들도 일부 있었다. 하지만 관용의 승리는 실제로 다양한 단체의 그리스도인들에 의해 성취되었다. 그 중에는 독립파(Independents)와 수평파(Levellers)도 있었고, 르네상스 인문주의적 관점의 영향을 받은 온건한 성공회 신도들의 유형도 있었으며, 여타의 종파적 단체들에 속한 몇몇 개인들도 있었다. 그들의 관점은 존 밀턴(John Milton)의 『아레오파지티카』(*Areopagitica*)와 존 솔트마쉬(John Saltmarsh)의 『성전의 연기』(*Smoke in the Temple*)에 표현되어 있다. 후자의 작품은 종교적 민주주의의 기초를 형성하고 있는 종교적 겸손을 완벽하게 표현하고 있다. 그는 이렇게 선언한다. "우리는 상호간에 그 어떤 무오류성의 권력도 가정하지 맙시다. … 왜냐하면 나의 증거가 타인에게 불확실한 만큼이나 타인의 증거도 내게 불확실하기 때문입니다. … 주님께서 우리 양쪽 모두가 비슷하게 알아차리도록 밝혀주실 때까지 말입니다."

세속주의의 바탕 위에서 이루어낸 공동체적 화합은, 관용의 정신에 입각한 공동체적 일치를 얻기 위한 대가로서 종교적인 심오함을 희생시키는 것을 의미한다. 그것은 위험한 희생이다. 하지만 세속주의를 비판하는 종교적 신봉자들로서는, 때때로 그런 것이 필요불가결한 일이 되었다는 것을 인식하는 것이 좋을지도 모른다. 다양한 종교에 대한 광신 혹은 동일한 한 종교의 다양한 분파에 대한 광신은 종종 근대적 민주 국가에 다른 해결책을 남겨두지 않았다.

영국에서 17세기의 유산은 충분히 생동적이었기에, 영국은 프랑스와 미국의 경우와 같은 정도로 자신의 문화를 세속화시키지 않고서도 종교적 자유를 획득하는 것이 가능했다. 이 성취를 이룸에 있어서 영국에 유리했던 점은 종교적 다양성이 다른 나라들만큼 그렇게 뚜렷하지 않았다는 사실이다. 하지만 영국의 기본적인 종교적 동질성으로 인해서 - 스코틀랜드에서는 그리스도교 신앙의 장로교가 지배적이었고, 잉글랜드에서는 성공회가 지배적이었다. - 지배적인 단체들은 미국에는 없었던 비공식적인 가식적 모습들을 띠도록 부추겨진다.

종교적인 영감에 기인하는 겸손과 자비를 통한 종교적 관용은 성취하기가 항상 어렵다. 그것은 종교적 확신들이 신실하고 충실하게 유지되면서도, 이 확신들이 죄와 유한성에 의해 오염되어 있음을 겸손히 인정할 것을 요구한다. 그리고 다른 신앙들의 실제적인 결실들도 관대하게 평가할 것을 요구한다. 한 공동체의 종교적 단체들이 그런 겸손과 자비를 갖추지 못할 때, 국가 공동체는 항상 그 통일성을 세속주의나 권위주의를 통해서 유지할 수밖에 없을 것이다.

III

근대의 국가들은 모두 민족적 동질성의 중심부를 가지고 있지만, 점차로 민족적으로 이질적이게 되었다. 민족적 다원성은 특히 미국의 삶에서 뚜렷하다. 미국의 국민은 유럽 국가들의 민족에 의해 이루어졌기 때문이다. 미국의 삶이 넓게 확장되면서 인종적 자의식은 해체되는 경향이었으며, 실제로 미국의 "용광로"가[*다양한 민족들과 문화들을 함께 뒤섞는 것에 대한 은유적 표현] 유럽에서는 갈등 중에 있던 민족의 단체들을 하나의 공통의 혼합물로 만들었다는 사실이, 자유주의적인 "빛의 자녀들"의 전형적인 보편주의적 환상들을 강화시켰다. 미국인들은 인종적 편견을, 계몽적인 교육을 통해서 극복 중에 있는 야만적인 흔적으로 간주했다. 아무튼 미국인들은 인종적 혼합이 미국에서 일어날 것이라고 확신했으며 또한 이런 사실로부터 가장 이상적인 보편주의적 결론들을 도출해내는 경향이 있었다. 미국인들은 근대의 역사가 인종들의 전지구적 동화의 과정이 될 것이라고 생각했다. 미국의 인류학자들은 인종들 사이의 불평등에 생물학적 근거가 없다는 것을 바르게 주장했다. 하지만 그들은 이 사실로부터 인종적 편견은 계몽에 의해 점진적으로 추방될 수 있는 무지의 한 형태라는 잘못된 결론을 도출했다.

인종적 편견은 확실히 부조리한 형태이다. 하지만 그것이 근대의 보편주의자들이 주장하는 것처럼 변덕스러운 것은 아니다. 인종적 편견, 곧 다른 단체들에 대한 경멸은 인종적 오만에 불가피하게 수반된다. 그리고 인종적 오만은 민족적인 삶의 의지에 불가피하게 수반된다. 삶이 집단적으로 통합되어갈 때마다 집단적 생존 충동이 - 개인적 생존 충동만이 아니라 - 불러일으켜진다. 하지만 앞에서 개인적 삶을 다룰 때 살펴보았던 것처럼, 인간의 삶은 결코 단순한 물리적 생존으로 만족되지 않는다. 모든 인간의 생존 충동에는 정신적인 요소들이 있다. 그리고 이런 요소들의 부패는 곧 오만이며 권력에 대한 의지이다. 이 부패는 우리의 자유주의적 문화에서 이해되는 것보다 더욱 심오하며 더욱 보편적이다. 최근에 한 노련한 종군기자가 아프리카에서의 미군들의 삶을 보도하면서, 영어를 이해하지 못하는 원주민들의 모습을 보면서 평범한 미군들이 놀라워하는 것에 대해서 언급했다. 또 그 미군들이 큰소리로 말했음에도 그들이 이해하지 못했을 때 분노하는 것에 대해서 언급했다. 외국어를 헛소리로 간주하고, 또한 자신의 목소리를 높임으로써 자신의 언어에 대한 이해를 강요하려는 자연적 경향성은 자신의 유한성을 이해하지 못하는 인간의 무능함의 불쌍하고도 실제적인 표현이다. 그리고 그것은 자신의 삶의 양식들의 특수하고도 독특한 성격을 완전히 의식하지 못하는 인간의 무능함의 표현이다. 이것이 그의 오만의 뿌리이다. 이것이 그 자신의 입장을 실존의 최종적 규범으로 만드는 그의 경향성의 뿌리이며, 타인들이 그 규범에 순응하지 못한다고 판단하는 그의 경향성의 뿌리이다.

이런 부조리가 단체의 관계들에 대한 영속적인 위험을 제공하며, 단체 간의 마찰이 단체의 실존에 불가피하게 수반되게 만든다. 물론 미국의 자유주의는 민족 단체들 간에 마찰이 없는 조화를 기대했고, 또 그들이 한 인종적 통일체로 마침내 동화될 것을 기대했다. 하지만 그럼에도 불구하고 공적인 압력은 미국의 이민정책이 북유럽 단체에게 유리하도록 입법 행위를 유도했다. 이로써 미국이 가진 자신의 가식적인 태도와 달리 실제적인 신념은, 미국의 혼합체에는 라틴 혹은 슬라브의 구성요소가 너무 높은 비율로 함유되어서는 안 된다는 것이었다는 점이 입증된 셈이다.

미국이 공언하는 가식적 태도들과 더욱 심각하게 충돌을 경험하는 곳은 흑인들에 대한 태도이다. 소수 단체들의 범죄는 실질적으로 소수 단체들이 지배적인 유형으로부터 벗어난다는 것이다. 이런 단체들에게 겨누어진 비난들은 대부분 그들이 지배적인 유형에서 벗어나는 현상에 의해 유발된 편견들의 합리화이다. 흑인들의 범죄는 바로 그들이 지배적인 유형으로부터 명백히 벗어나 있다는 점에 있다. 그들은 검다. 그들은 모든 인종적 단체들과 마찬가지로 그들의 고유하고 특징적인 덕목과 약점을 가지고 있다. 하지만 인종적 편견은 덕목들과 성과들(예를 들어서 흑인들의 예술적 재능)에 대한 관대한 인식을 다수자에게 불가능하게 만든다. 또한 인종적 편견은 소수자의 약점들을, 지배적인 단체의 것과 매우 유사한 약점으로 간주하거나 혹은 다수자의 것과 정도에서가 아니라 종류에서 다른 것으로 간주하는 것을 불가능하게 만든다.

유대인의 사례는 근대의 민주주의 사회에서 역시 어려운 문제이다. 부르주아 자유주의는 유대인의 삶을 중세의 유대인 강제 거주 구역의 제한으로부터 해방시켰다. 유기적인 결속보다 돈과 신용 관계가 더욱 중요해진 비인격적 사회가 창출되면서 인종적 다원성의 토대가 마련되었다. 하지만 이런 상황에서 나온 자유들이 무한히 확장될 것이라는 희망은 잘못된 것으로 판명되었다. 파시즘의 열광과 격분이 반유대주의를 조장시켰고, 민주주의 세계에서 최근에 나타나고 있는 인종적 편견의 유해한 결실들은 나치주의자들에 의해 뿌려졌던 씨앗들 때문임에 틀림없다. 하지만 우리가 이런 악을 모두 이 하나의 특정 원인 탓으로 돌린다면 우리는 눈이 먼 상태에 있다고 말해야 할 것이다. 나치주의자들이 인종적 오만을 강조했던 것은 맞지만, 그들이 그것을 창조했던 것은 아니다. 민주주의의 이상들은 이 오만과 모순된다. 하지만 우리가 단지 이상들을 공언하는 것을 통해서 악을 파괴할 수 있다고 상상하는 것은 이상주의적인 빛의 자녀들의 환상이다. 인종적 동포애의 이상은 우리가 "내면적인 사람을 따라서" 즐거워하는 "하나님의 법"이다. 하지만 인종적 오만함은 "우리의 마음에 있는 법에 반대되는 우리 구성원들의 법"이다.

인종적 편견이 아주 심한 사람들은 유대인 소수자에게 온갖 종류의 비난을 퍼붓는다. 그러나 이런 비난들은 심각한 편견의 합리화에 불과하다. 유대인의 실제적인 죄는 이중적이다. 첫째, 그들은 먼저 많은 민족들 가운데로 흩어졌던 민족이다. 따라서 그들은 여러 민족들 가운데서 그들에게 완전히 동화될 수 없었다. 그것은 민족적 실존의 희생을 의미할 수도 있기 때문이다. 둘째, 그들은 인종적으로나 문화적으로 지배적인 유형으로부터 갈라져 감으로써 우리의 마음에 상처를 주는 단체이다. 반유대주의의 일차적인 원천이 인종적이었는지 아니면 종교적이었는지를 추측하는 것은 쓸모없는 일이다. 편견의 힘은 이중적인 분화로부터 나왔기 때문이다. 만약 유대인들이 - 그들 중의 몇 사람들이 그렇게 주장하듯이 - 단지 한 종교적인 단체이고 민족적인 단체가 아니었다고 해도, 그들은 그들의 문화적 독특성으로 인해 어떤 편견을 불러일으켰을 것이다. 비록 그들이 다수의 단체와 동일한 종교를 가진 독특한 민족적 단체에 불과했다고 해도, 그들은 역시 편견을 불러일으켰을 것이다. 하지만 두 경우 모두에서 편견은 더욱 완화되었을 것이다. 그들은 실제로 보편주의적인 종교적 신앙을 가진 한 민족적 단체였다. 그 신앙은 한 단일 민족의 가치들을 초월하는 것이기는 했지만, 그들은 그 신앙을 이민족 세계에서의 생존의 수단으로 사용할 수밖에 없었다.

그렇게 복잡한 문제에 대한 단순한 해결책은 없다. 민주주의 사회는 지배적인 단체의 오만에 굴복해서는 안 된다. 그런 유화정책의 마지막 종착지는 나치주의의 원시적인 동질성이다. 다른 한편으로 인종적 오만을 단순한 야만주의의 잔재로 간주하는 것 역시 어리석은 일이다. 그것은 사실상 인간 삶에서 영속적인 분쟁의 원천이기 때문이다.

민주주의 사회는 모든 교육의 전략과 모든 종교적 자원을 이용하여, 다수자 단체의 유형으로부터 벗어난 소수자 단체들의 덕들과 선한 의도들에 대한 공감을 촉발시켜야 하며, 다수자의 삶에 겸손과 자비를 고양해야 한다. 민주주의 사회는 단체들 간의 접촉을 촉진해가고, 차별을 통해 편견이 악화되는 것을 막도록 노력해야 한다. 단체 간의 관계들에서 드러나는 올바른 판단에 대한 특이한 위험들을 폭로해야 한다. 달리 말해서 민주적인 사회는 비결정적·창조적 시도들을 통해서 이 문제에 대해 가장 근접한 해결책들을 찾아야 한다. 하지만 이 해결책들은 민주주의 이상주의자들이 이런 문제의 깊이를 잘 이해한다면 더욱 많이 -

더욱 적게가 아니라 - 창조적일 것이다.

이런 이해가 없이는 민주적인 선(善)의지의 달성에 필수적인 겸손이 결여된다. 어리석은 빛의 자녀들은 항상 단지 소수자 단체들을 위해 싸움으로써 그리고 그 단체들이 비방자들의 주장만큼 그렇게 나쁘지 않다는 것을 입증함으로써 인종적 편견을 완화시키려고 노력한다. 이런 식의 과정은 다수자의 오만한 환상, 곧 다수자의 "마음"이 결국 모든 민족과 사람들이 나와서 마주서야 할 최종적인 재판정이라는 환상을 보존시킨다. 오히려 우리가 다음과 같은 참된 추정으로 시작하는 것이 더욱 도움이 될 것이다. 즉, 선입견에 사로잡히지 않은 마음은 없으며, 적어도 부분적으로라도 오만함에 의해 오염되지 않은 판단은 없다는 것이다. 이 추정에는 순수한 이상주의자들의 마음과 판단도 포함되어야 한다. 그들은 자신들이 모든 편견으로부터 벗어나 있다고 생각하지만, 종종 그들의 호의적인 겸손 안에 담겨 있는 은밀한 편견이 어떤 식으로든 표현되고 있기 때문이다.

그런 추정의 토대 위에 우리는 민족적 다원성의 문제를 위한 다수의 근접한 해결책들을 막연하게 시도해볼 수 있을 것이다. 이 문제를 위한 완전한 해결책이 없다는 것을 우리는 인식해야 한다. 그래야만 어떤 근접한 해결책을 찾았을 때, 그것이 궁극적인 해결책이라는 환상 속에서 우리가 그것에 안주하려고 하지 않을 것이다.

IV

우리는 중산계급과 산업계급이 취하는 소유에 대한 태도들의 충돌을 분석하면서 근대 사회의 계급투쟁의 몇 가지 측면들을 고찰했다. 근대 산업 사회의 계급들은 과거의 농업 질서의 계급들보다 더욱 복잡하고 역동적이다. 다양한 계급들의 이해관계들이 마르크스주의가 가정한 것처럼 그렇게 상호 간에 완벽하게 모순되지 않으며 또한 그 계급들이 마르크스주의가 믿는 것처럼 두 개의 적대적인 계급들로 손쉽게 환원될 수도 없다. 산업 사회에서의 농업 단체들은 자본가들도 아니며 무산계급도 아니다. 그래서 그들로 하여금 이 두 계급의 입지 중에서 하나를 선택하도록 강요한다면, 그것은 허튼 일이며 동시에 위험한 일이다. 중산계급들은 더욱이 끝없이 급증했다. 꼭대기에 있는 작은 단체는 확실히 일차적으로 그 정치적·경제적 태도에서 경제적 권력의 소유에 의해 좌우된다. 또한 경영자 단체도 있다. 그들은 대단한 소유권을 가지고 있지 않으면서도 경제적 과정을 조작할 수 있는 그들의 전문성을 통해서 권력을 행사한다. 더욱이 사용자와 노동자 사이의 이데올로기 투쟁들로부터 거리를 두고서 상대적인 공정성을 가지고 있는 전문계급도 있다. 그리고 마지막으로 소상인들이나 가게 점원들과 같은 하위 중산계급이 있는데, 이 계급은 마르크스주의가 생각했던 것보다 자신을 유지함에 있어서 훨씬 광범위하면서도 완고하다. 이 계급은 대체로 정치적으로 무능한 계급이다. 하지만 파시스트 선동가들은 이 계급의 두려움과 분개를 적극적이고 악마적인 정치 세력으로 결합시킬 줄 알았다.

더욱이 산업 노동자계급들은 숙련자와 비숙련자로 혹은 피고용자와 실업자로 쉽게 나누어진다. 미국에서 전자의 경우는 미국노동총연맹(American Federation of Labor)과 산업별노동조합(Congress of Industrial Organization)의 분열을 낳았다. 미국노동총연맹은 보수적인 정치적 태도를 표방하면서 "자유기업체제"에 대한 확고한 지지까지 보이는데, 이는 전미제조업자협회(National Association of Manufacturers)의 선언과 매우 유사한 어조이다.

하지만 유산계급과 무산계급 사이의 계급투쟁에 대한 마르크스주의적 이해가 부분적으로는 실제로 옳다. 가장 역동적이고, 가장 날카롭게 한정된 계급 세력들은 재산의 소유 혹은 결여에 의해서 태도들이 결정된 계급 세력들이라는 점에서 그렇다. 하지만 그 이해는 부분적으로 또한 거짓이다. 왜냐하면 그것은 민주주의에서 계급구조가 가지는 무한한 복잡성과 상대적인 유동성을 정당하게 고려하지 않고 있기 때문이다.

근대 산업 공동체들에서 계급투쟁의 다채로운 성격은 민주주의 국가의 지속적인 건전성에 매우 중요한 자원이다. 두 극단 사이의 중재적 위치를 점하는 다양한 계급들은 계급투쟁이 절대적으로 위험한 정도에 치닫는 것을 막는다. 따라서 더욱 건강한 근대의 민주주의들은 유산계급들의 경제적 권력을 제한하기 위해서 가난한 자들의 참정권에서 나오는 정치적 권력을 활용했다. 다른 한편으로 계급 구조의 복잡성은 또한 세력들의 혼란을 만들어낼 수 있다. 그 결과 정부가 움직이지 못하게 고정화되어 계급세력들의 소용돌이의 중심부에 자리를 잡게 해서, 그 어떤 단체도 긍정적인 방향으로 움직여 갈 만큼의 충분한 권력을 가지지 못하게 하고, 모든 단체들이 긍정적인 행동을 막을 수 있을 만큼의 충분한 권력을 갖게 한다. 어떤 의미에서 이것이 바로 독일에서 의회정부제도를 파괴했던 상황이었다.

따라서 민주주의는 시민전쟁에 의해서 뿐만 아니라 계급세력들의 혼란에 의해서도 파괴될 수 있다. 그로 인해서 극단적인 계급들이 상호 간에 적대적으로 갈라지고, 중재적 계급들을 자신들의 입장으로 끌어들일 수 있기 때문이다. 계급 간의 논쟁이 점진적인 정의를 불가능하게 만드는 교착상태에 이르지 않게 하면서, 계급 간의 논쟁을 통해서 점차적으로 공동체의 정치적 기구들이, 변하는 경제적 필요들과 높은 차원의 정의에 대한 불변의 요구들에 순응하는 방향으로 바뀌도록 하는 것이 이상적인 가능성이다.

계급투쟁에 의해서 아직 파괴되지 않은 - 독일과 프랑스에서는 파괴되었지만 - 근대의 민주주의가 자유의 조건 하에서의 성장과 발전을 위한 두 가지 전제조건을 성취할 수 있을 것이라는 생각은 전혀 확실하지 않다. 그 한 전제조건은 계급세력들 사이에 어떤 균형이 있어야 한다는 것이다. 그리고 다른 전제조건은 그 균형이 정적으로 되어서는 안 되고, 경제적·사회적 상황의 발전에 순응하는 권력의 이동에 따라야 한다는 것이다.

이 두 가지 전제조건이 완전히 충족될 수 있는 것은 오로지 다양한 정치이론들의 지지자들이 그들의 이론은 항상 부분적으로 자신들의 이해관계의 합리화라는 사실을 점잖고 겸손하게 인식할 때이다. "자유기업체제"를 공동체의 최고의 선으로 만드는 보수적인 계급이나, 경제적인 문제의 가장 근접한 해결책을 삶의 모든 문제에 대한 궁극적인 해결책으로 오해하는 급진적 계급은 똑같이 공동체의 평화나 민주주의의 보존에 아주 위험하다. 민주주의 공동체를 위협하는 시민전쟁은 어리석은 빛의 자녀들의 두 학파에 의해서 창안되었다. 그 각 학파는 표면적으로 보편적인 사회적 이상이 특정 이해관계에 의해 오염되어 있다는 것을 인식하지 못했다. 부르주아 자유주의는 전반적으로 그 자신의 계급 이해관계에 의한 오염을 완전히 의식하지 못했으며, 허황되게도 자신의 관점들이 궁극적인 것이라고 생각했다. 마르크스주의는 부르주아의 관점 안에 들어 있는 계급적 오염을 이해했다. 하지만 마르크스주의는 이데올로기 이론에서, 산업 노동자들이 사회적 문제들에 대해서 자신의 특별하고 독특한 접근을 - 하지만 이들의 시도가 다른 단체들(예를 들어서 농업계급)에게는 최종적이거나 참된 것으로 호소될 수 없다 - 시도한다는 사실을 드러낼 정도로 심오하지 않았다. 이 잘못은 마르크스주의의 열광주의와 절대주의의 기초에 자리 잡고 있으며 민주주의적 과정을 위태롭게 한다.

자유의 필수성을 주장하는 사람들과 공동체에서 더 많은 사회적 통제를 갈망하는 사람들 사이의 논쟁은 단순한 이데올로기 충돌이 아니며, 대립적 관계에 있는 주역들은 단순히 그들의 계급 이익을 합리화시키고 있는 것이 아니다. 이 문제는 실제적인 것이다. 그리고 그것은 두 입장이 똑같이 거짓이 아니거나 똑같이 참이 아니라는 것을 의미한다. 자유와 공동체는 인간의 삶에서 한편으로는 상호 모순적인 가치들이며, 다른 한편으로는 상호 보완적 가치들이기 때문에 두 가치의 상호관계에 대한 완전한 해결책은 없다. 이것은 경제적 과정이 얼마나 많이 혹은 얼마나 적게 정치적 통제를 받아야 하는지 하는 문제에 대한 논쟁이 끝없이 계속된다는 것을 의미한다.

반면에 그 논쟁에는 항상 "이데올로기적" 요소가 들어있다. 큰 권력을 가지고 있고 또 그것을 지키기를 원하는 사람들은 "개인적 주도성"이 보존되어질 사회적 상황을 희망한다. 반면에 고도로 상호 의존적인 산업 과정의 위험에 부분적으로 노출되고, 또 주기적으로 그에 따른 혼란과 부적응의 희생자가 되었던 사람들은 당연히 "사회적 안전성"을 공동체의 일차적 목표로 희망한다.

계급 단체들 간의 민주적인 상호 관계성의 보존이, 결국 민주주의의 민족적·문화적 다원성을 위한 전제조건이 되는 종교적 겸손에 역시 마찬가지로 의존하고 있다는 것을 알아차리게 되는 것은 흥미로운 일이다. 종교적 이상주의자들은 민주적 삶을 위한 종교의 주요한 공헌이 자신보다는 다른 사람들에 대한 관심을 심어주는 도덕적 이상주의를 함양하는 것이라고 종종 주장한다. 그러나 이것은 심오한 종교가 할 수 있는 공헌의 일부에 불과하다. 물론 철저한 이기주의자들은 민주주의적 과정을 망가뜨릴 것이다. 민주주의적 과정에는 다른 사람들의 필요를 온당하게 고려하는 것이 요구되기 때문이다. 하지만 민주주의에 대한 가장 큰 위험들 중의 일부는 도덕적 이상주의자들의 열광주의에서 생긴다. 그들이 공언한 이상들이 사적 이익의 추구에 의해 오염되어 있음을 의식하지 못하고 있기 때문이다. 따라서 민주주의는 도덕적 이상들에 대한 종교적 헌신 이상의 어떤 것을 요구한다. 그것은 종교적 겸손을 요구한다. 상대적인 정치적 목표들에 대한 - 모든 정치적 목표들은 상대적이다 - 모든 절대적인 헌신은 공동체적 평화를 위협한다. 하지만 종교적 겸손은 단순한 도덕적 혹은 정치적 성취가 아니다. 종교적 겸손은 모든 인간적 위엄과 가치보다 더욱 궁극적인 위엄과 순수성에 개인을 직면시키는 종교의 깊이로부터만 분출해 나오며, 그 개인이 다음과 같이 고백하게 한다. "네가 왜 나를 선하다고 하느냐? 선한 이는 오직 한 분 하나님이시다."

민주주의와 심오한 종교 간의 실제적인 접촉점은, 민주주의가 필요로 하며 종교의 열매들 중의 하나임에 틀림없는 겸손의 정신에 있다. 민주적 삶은 개인들과 단체들 간의 관용적인 협력의 정신을 요구한다. 이것은 자신의 이해관계 너머에 있는 법을 알지 못하는 도덕적 냉소주의자에 의해서 성취될 수 없으며, 또한 그런 법을 알기는 하지만 그런 법의 진술에 개입되기 마련인 - 가장 사심이 없이 공정한 이상주의자의 경우라고 하더라도 - 오염을 인식하지 못하는 도덕적 이상주의자에 의해서도 성취될 수 없다. 민주주의는 야만주의의 세력과 냉소주의의의 신조에 의해서 끊임없이 도전을 받을 것이다. 하지만 민주주의의 내적인 위험은 다양한 학파와 계급들의 이상주의자들 간의 갈등에 놓여있다. 그들은 서로 다른 이상들을 공언하지만, 그들 자신의 이상들이 완벽하다고 하는 신념을 모두 표출하고 있기 때문이다.

5장 세계 공동체

5장

세계 공동체

I

공동체의 조직 그리고 공동체에서의 평화와 정의의 성취에 대해서 지금까지 고찰했다. 이때 국가 공동체가 항상 고려의 대상이었다. 하지만 인류의 사회적 문제는 국가 공동체를 넘어선다. 물론 국가는 수세기 동안 사회적 결속과 협력을 위해서 유일하게 효과적인 기관이었다. 하지만 국가 공동체를 (그리고 때로는 제국 공동체를) 넘어선 곳에 국제적 혼란이 자리 잡고 있다. 물론 그 혼란이 국제적 협력의 최소한의 형태에 의해 약간 제한되기도 한다.

이런 혼란을 극복하고 공동체의 원리를 세계의 차원으로 확장시키는 과제가, 우리 시대가 직면한 모든 문제들 중에서 가장 시급한 문제가 되었다. 우리 시대의 위기는 분명히 기술 문명의 요구사항들이 국가 공동체들이 마련해 놓았던 제한적인 질서를 벗어났다는 사실에 기인한다. 또한 우리 문명의 자원들이 이런 요구사항들을 넉넉히 다룰 수 있는 질서의 정치적 도구들을 창출하기에 충분하지 않았다는 사실에 기인한다.

세계 공동체의 문제를 다룸에 있어서 우리가 처해 있던 특별한 긴급성은 보편주의의 두 세력, 곧 매우 오래된 세력과 최근에 부상한 세력의 수렴에 의해 야기되었다. 국가적 특수성에 의존해 있으며, 또한 그것에 의해 제한되어 있는 공동체 질서는 인간의 역사에서 처음으로 이중적 도전에 직면해 있다. 역사적 공동체들의 지리적 제한성 등을 초월하는 보편적인 도덕적 의무감은 국가적 개별주의에 도전하는 보편주의의 옛 세력이다. 그리고 기술문명에 의해 초래된 국가들의 전지구적 의존성은 보편주의의 새로운 세력이다.

도덕적 보편주의의 옛 형태는 2천 내지 3천 년 전에 부족 종교들과 제국적 종교들을 대체했던 고등 종교들과 철학들의 결실이다. 원시사회는 부족 공동체 외부의 삶에 대한 강한 의무감을 지니고 있지 않았다. 부족 공동체는 혈통의 원리에 의해서 결합되고 제한되었다. 고대 제국들은 자연의 한계들을 넘어서 인간의 자유를 성취했다. 그 제국들은 효과적인 공동체의 경계를 혈통의 제한적인 세력 너머로 확장시켰다는 의미에서 그렇다고 할 수 있다. 그 제국들은 군인의 기술과 제사장의 종교적 충성심 통제를 통해서 단지 자연적 충동들로 결합시킬 수 있었던 것보다 더 광범위한 공동체를 이루어 내었던 인간 상상력의 인공물이었다. 그러나 이런 제국 공동체들은 제국 종교라는 정점에 도달했던 문화의 영향을 받았기에 보편적인 역사를 예상할 수 없었고 또한 인간 실존의 총체성을 그 보편적 의미에서 이해할 수도 없었다.

보편적이고 제한성을 벗어난 도덕적 의무에 대한 종교적 이해의 첫 번째 사례는 예언자적 유일신론에서 달성되었다. 그것은 보편적 역사에 대한 예언자 아모스의 신념에서 시작되었다. 이스라엘의 하나님은 주권자로서 보편적 역사를 주재하며, 이스라엘의 역사가 그 보편사의 중심도 아니며 목적도 아니라는 것이다. 아모스는 "이스라엘의 거룩한 분"을 초월적인 하나님으로 생각했다. 하나님은 자신의 보편적인 계획들 안에서 이스라엘의 특별한 사명을 활용하기도 하고 거절하기도 하며, 그 자신의 백성에게 "나에게는 너희가 에디오피아 사람들과 똑같지 않으냐?"라는 말씀으로 조롱할 수도 있다. 페르시아의 종교는 조로아스트교적 보편주의에 결국 도달했는데, 이것은 아마도 초창기가 아니라 후대의 일이었을 것이다. 히브리 예언자 종교는 민족주의적 모티브들과 보편주의적 모티브들이 서로 싸우는 묵시운동을 불러일으켰다. 그리고 그리스도교 보편주의는 이런 묵시운동의 분위기에서 태어났으며, 그래서 세상을 향해서 "그리스도 안에는 유대인도 없고 그리스인도 없다"고 선언했다. 서양 문화에서는 스토아 보편주의가 예언자적 유일신론에서 처음 시작되었던 보편주의적 종교에 추가되었고, 또 거기에 흡수되었다. 심지어 플라톤과 아리스토텔레스 철학도 그리스 지역주의의 강한 영향을 받기는 했지만 보편주의적인 함축을 담고 있었고, 이로 인해 서양 문화의 새로운 보편주의에 공헌했다.

중국에서는 유교 사상에 담겨있던 매우 경미한 보편주의적 함의가 맹자 등에 의해서 확장되었다. 그리고 그것은 노자의 신비적 보편주의에서 초월되었다. 인도에서는 민족적으로 얽매어 있었던 힌두교의 토양으로부터 보편적인 타당성을 가진 불교의 구원 체계가 발생했다. 동양의 종교들이 일반적으로 매우 신비적이고 타계적이어서 보편적인 이상들에 역사적 효력을 부여하지 못했다. 하지만 동양 종교들에서 출현하고 있는 보편주의적 관점들은 다음과 같은 사실을 추가적으로 입증해주는 것으로 간주되어야 한다. 즉, 종교들과 철학들에서 삶의 의미와 그 의무들이 어떤 특정한 공동체의 한계를 넘어서 해석되어가는 방향으로 흘러가고 있는 일반적인 발전이 인간 문화에 있다는 것이다.

보편주의적 철학과 종교가 발흥한 이후로 오늘날에 이르기까지 2천 년이 넘는 시간 동안 여러 국가들과 제국들이 생기고 사라졌으며, 민족 문화들과 제국 문화들이 경쟁을 벌였고 또한 상호간에 다양하게 혼합되기도 했다. 그러나 역사에는 다음과 같은 고정적인 원리가 있었던 것으로 보였다. 즉, 효과적인 인간 공동체는 동료 인간에 대해 지녀야 할 인간의 의무감에 대한 엄격한 분석이 함축하는 보편적인 공동체보다 훨씬 작은 규모의 공동체가 되어야 한다는 것이었다. 이런 기나긴 인간 역사의 전체 기간 동안에 인간의 삶에 효과적인 사회적 결속을 부여했던 국가 공동체와 제국 공동체들은 그 결속력의 상당 부분을 특수성의 권력으로부터 이끌어내었다. 지리적 경계, 민족적 동질성, 어떤 공동의 경험과 전통이 그런 통일성의 주요 기초들이었다.

이런 사정이 매우 오랫동안 지속되었고 그래서 역사의 불변적 요소처럼 보였다. 인간이 자연적인 제한들을 벗어나는 보편적 공동체를 상상할 수 있을 정도의 충분한 자유는 가지고 있지만, 그런 공동체를 창조해낼 정도의 충분한 자유는 가지고 있지 못하다는 것이 입증된 것처럼 보였다. 공동체들이 달성할 수 있는 규모에는 최종적인 한계가 없는 것처럼 보였다. 단지 예외가 있다면, 그것은 공동체들이 인류 공동체 전체를 구현할 수 없다는 단 한 가지 한계가 있을 뿐이었다.

상황이 이렇게 지속되었지만, 그것은 지난 세기 동안에 발전했던 기술문명이 새로운 세력의 보편성을 역사 안으로 들여오기 이전까지였다. 기술문명의 생산수단들, 교통수단들, 통신수단들은 세계의 시공간적 차원들을 과거 이전 규모의 한 일부로 축소시켰으며, 모든 국가 공동체들의 상호의존이 경이적으로 증가하게 만들었다. 이처럼 새로운 기술적 상호의존은 하나의 잠재적인 세계 공동체를 창조했다. 왜냐하면 기술적 상호의존이 지금까지 존재하는 것보다 더 넓은 공동체에 의해서만 배열될 수 있는 복잡한 상호관련성을 만들어내었기 때문이다.

기술문명은 종래에 존재해 오던 도덕적 힘에 보편성의 자연적 힘을 보탰다. 공간과 시간의 정복을 위한 기술도구들은, 그런 기술도구들에 의해서 극복되었던 지리적 한계와 같은 의미에서의 자연적 힘이 아니다. 공간과 시간의 정복을 위한 기술적 도구들은 사실 인간의 창의적 재주가 이룬 성취들이다. 그러나 그것들은 유사(類似) 자연 영역에 속한다. 그것은 단지 그것들이 일차적으로 인간의 물리적 능력의 확장이기 때문만이 아니라 그것들이 실제로 달성했던 보편적인 상호의존성을 창조하려고 의식적으로 의도했던 것이 아니기 때문이기도 하다. 그 기술적 도구들은 모든 역사적 과정들에 하나의 새로운 차원을 부여할 정도로 인간의 손과 발, 눈과 귀의 능력을 증대시켰다. 그러나 기술의 확장으로부터 발전한 도덕적·사회적 상황은 이런 발명들의 의식적인 목표가 아니라 그 부산물이다.

따라서 기술의 발전은 우리 시대가 새로운 상황을 직면하게 만들었다. 자연적 특수성에 기반을 둔 정치적 기구들은 더 이상 위로부터만 도전을 받은 것이 아니라 아래로부터도 받았다. 위로부터 본다면 그런 정치적 기구들은 보편적인 도덕적 의무감의 충격을 받았으며, 아래로부터 본다면 전지구적 경제의 새로운 기술적·자연적 요소로부터 압력을 받았다.

보편성의 두 힘, 즉 보편성의 도덕적 힘과 기술적 힘의 수렴은 빛의 자녀들이 실제적으로 불가피한 성과라고 여기는 세계 공동체의 수립을 향한 강력한 추동력을 창출한다. 항상 그랬듯이 빛의 자녀들은 역사의 특정한 세력들의 힘을 과소평가한다. 국가들 간의 갈등이 전지구적 차원의 것으로 확장되는 것을 통해서 하나의 잠재적인 세계 공동체가 역사에 자신의 존재를 공표하고 있다는 사실은 의미심장하다. 한 세대에 세계전쟁이 두 번이나 일어난 것은, 역사의 논리가 인간 의지의 고집에 미치는 영향력이 빛의 자녀들이 생각하는 것보다 작다는 것을 입증하고 있다.

국가들의 오만은 쉽사리 보편적 원리의 지배 - 보편적 원리가 이

중적으로 무기를 가지고 있음에도 불구하고 - 아래로 들어오지 않는다. 상황이 왜 이러한지에 대한 이유들 중의 하나는 보편성의 무기의 일부가 역사에서 이기주의자들의 세력에 의해서 전용(轉用)되었기 때문이다. 또한 보편적 공동체를 궁극적으로 불가피한 것으로 만드는 동일한 기술적 상황이, 제국주의적 지배를 통해서 세계의 통합을 - 실제로 가능하지는 않다고 해도 - 개연성이 있는 것으로 보이게 만드는 도구들을 특정한 국가들, 제국들, 권력의 중심부에 무기로도 제공하고 있다. 우월한 민족의 지배 아래에 세계를 통일시키려던 나치주의의 노력은 거의 성공할 뻔해서, 어떻게 쉽사리 보편적 세력들이 역사에서 이기주의적인 목적들에 의해서 전용(轉用)되고 타락할 수 있는지를 입증하였다. 하나의 순수한 보편적 공동체의 설립이 이루어지기 전에, 인류는 먼저 타락한 형태의 보편주의가 패배 당하는 시대를 관통해야 했다.

안정적인 세계 질서를 위한 싸움에서의 승리는 제국주의의 역동적인 형태들이 최종적으로 패배를 당한다고 해도 아직 얻어지는 것이 아니다. 우리는 다음 몇십 년 내에 혹은 아마도 몇 세기 내에 승리를 거둔 위대한 권력들의 오만함이 세계 공동체의 달성에 (아직 강력하지는 않지만) 조금 덜 역동적인 위험을 제공하는 것을 발견하게 될 것이다. 문명화된 강대국들은 세계의 압제적인 통일을 위한 노력을 삼가기에 충분할 정도로 빛의 자녀들이다. 그러나 각각의 거대 권력들은 타인들의 안전에 대한 관심을 많이 쏟지 않고도 또한 모든 국가들의 공동 이익에 대한 헌신의 의무에 얽매이지 않고도 자신의 안전을 확보할 수 있을 것이라는 희망의 유혹을 받을 만큼 충분한 힘을 가지고 있다.

가장 단순하게 고립주의라고 정의될 수 있는 국가 이기주의의 이런 부정적인 형태가 세계 공동체의 궁극적인 필요성들과 양립할 수 없다고 해도, 그것은 종종 거대 권력들을 유혹하게 될 것이다. 국가 이기주의의 이런 부정적 형태는 인류가 엄청난 대가를 치르면서 극복했던 제국주의의 더욱 역동적이고 악마적인 형태와 적어도 공유하는 요소가 있다. 그것은 또한 역사에서 보편주의적 요소들과 이기주의적 요소들의 복합체를 나타내기도 한다. 왜냐하면 자신들의 권력으로 안보를 확보하려는 환상적인 희망을 충족시킬 수 있을 만큼의 힘을 가졌던 강대국들은 기술사회에서의 권력의 집중화 과정을 통해 힘을 가질 수 있기 대문이다. 기술적 과정들은 "가지고 있는 사람에게 주어져야 한다"는 원리를 강조해왔다. 그 원리는 국가들의 경제적 삶 못지않게 국제적 관계들에서도 작동한다.

보편성의 도구들은 일시적으로 특수성의 세력들에 의해서 차용될 수 있다. 따라서 역사에서 특수 세력들과 보편 세력들 사이의 최종적인 투쟁은 빛의 자녀들이 상상할 수 있는 것보다 훨씬 비극적인 역사의 시기를 만들 수 있다. 잠재적인 세계 공동체가 현실화되지 못함으로 인해서 국제적인 무정부 상태의 (국지적이라기 보다는) 전지구적인 형세가 조성되며, 또한 문명의 기술들이 갈등의 분노를 더욱 악화시키는데 사용되는 역사적 시대에 우리는 아마도 상당히 오랜 기간 동안 살 것이다.

II

지난 세기 내내, 특히 제1차 세계대전 이래로 우리 자유주의적인 빛의 자녀들은 세계 질서를 위한 수많은 계획들을 쏟아냈다. 하지만 그 모든 계획들은 단순한 보편주의자들의 전형적인 환상으로 물들어져 있었다. 자유주의적 빛의 자녀들은 모두 다음과 같이 가정하고 있다. 도덕적 명령의 보편적 성격과 기술 문명의 전지구적 상호의존성에 담겨있는 논리가 자연스럽고도 불가피하게 인류의 정치적 기구들을 그 논리 자체에 순응하게 만들 것이다. 하지만 그들은 인간 역사에서 특수하고 제한적인 생동성들의 힘을 과소평가했다. 그들은 국가들의 오만함에서 비롯된 완고함과 힘을 이해하지 못했으며, 전통적인 충성심이 가진 관성의 힘을 이해하지 못했다.

우리 시대의 빛의 자녀들은 두 개의 학파로 나누어질 수 있다. 하나는 다소 소박한 학파이고, 다른 하나는 다소 세련된 학파이다. 다소 소박한 학파의 보편주의자들은 도덕적 명령을 보편적으로 수용되는 법으로 구체화시키는 것으로 충분하리라고 믿는다. 그들은 이상들이 갈등 해결의 도구일 뿐 아니라 갈등의 도구가 되는 생동성들의 방대한 영역이 바로 인간 역사라는 것을 이해하지 못하고 있다. 오히려 그들은 인간 역사를 궁극적 이상들이 서로 충돌하는 생동성들을 자신들의 지배 아래로 끌어들일 수밖에 없는 이념들의 영역으로 이해한다. 국가들이 절대적인 주권을 주장하는 것은 그런 주권을 정당화시켰던 "자연법"이 우리에게 있었기 때문이라고 그들은 생각한다. 따라서 국가들의 절대 주권의 원리를 부정하는 국제법에 대한 새로운 정의는 현실을 바꾸어 놓을 것이라고 주장한다.[1] 그들은 우리에게 국제 정부가 없는 까닭은 오로지 아무도 그에 관한 청사진을 구상하지 않았기 때문이라고 생각한다. 따라서 그들은 대단히 풍성하게 그런 청사진들을 만들어낸다. 이런 순수 입헌주의자들은 인간 역사의 원자재에 미치는 기본 원칙의 힘에 대한 감동적인 믿음을 가지고 있다.

하지만 다소 소박한 이상주의자들의 학파는 많은 관심을 받기에 충분할 정도로 많지 않다. 수적으로 훨씬 많은 것은 다소 세련된 이상주의자들이다. 그들은 모든 인간의 공동체들의 조직에는 권력이 요구된다는 것을 인식하고 있다. 따라서 그들은 권위를 갖춘 국제 기구를 만들려고 하고, 국제 재판소를 그 기구와 연관시키려고 하고, 또한 국제 재판소에 국제 경찰력을 제공하여 그 결정들을 집행하는 힘을 갖추게 하려고 한다. 그들은 이런 입헌적인 도구들로 국제적인 무정부 상태를 극복하고, 국가들의 세계 공동체의 모든 문제를 해결할 것이라고 여긴다. 이 이상주의자들은 힘에 의한 제재가 법에 제공되어야 한다는 것을 알고 있다. 하지만 그들은 힘이 권위를 위한 하나의 수단이며, 단지 하나의 수단에 불과하며, 그 권위를 구성하는 복잡하고 다양

1) 이런 신념의 전형적인 표현은 게르하르트 니마이어(Gerhart Niemeyer)의 *Law Without Force*에서 찾아볼 수 있다.

한 요소들이 존재한다는 것을 이해하지 못하고 있다. 그들도 역시 공동체들이 합병되고, 공동체적 권위들이 세워지는 역사의 유기적인 과정들을 지나치게 단순하고 순진하게 보고 있다. 그들은 공동체들을 형성하는 문제를 순전히 입헌적인 측면에서만 바라본다. 왜냐하면 그들은 입헌적인 형식들 아래에 생동적인 사회적 과정들이 놓여 있으며, 이런 입헌적인 형식들은 단지 그 생동적인 사회적 과정들의 수단이나 상징들에 불과하다는 것을 인식하지 못하거나 이해하지 못하고 있기 때문이다.[2)]

하나의 단일한 주권이 한 공통의 공동체의 최종적이고 필수적인 도구가 된다고 할지라도, 정부의 권력만으로 통일체를 이루는 것은 불가능하다. 정부가 아마도 몸의 머리가 될 것이다. 몸은 단일한 머리를 가지지 않는다면 단일한 몸이 될 수 없다. 하지만 머리가 몸을 창조하는 것은 불가능하다. 비록 다양하고 이질적인 요소들이 공동체의 주변부에는 존재할 수 있다고 해도, 제국적 공동체이든 국가적 공동체이든 고도의 통합을 이룬 세계의 공동체들은 모두 일종의 민족적인 동질성을 중심부로 가지고 있었다. 그 공동체들은 또한 특정하고 독특한 문화적 힘들에 의해서 결속되었으며, 공동의 전통과 공동의 경험들의 힘에 의해서 결속되었다. 그런 공동체들에서 정부의 권위는 대체로 공동체가 자신의 통일을 도출했던 원천이 되는 동일한 역사에 그 기원을

2) 모어타이어 아들러(Mortimer J. Adler)의 『전쟁과 평화를 어떻게 생각할 것인가』(*How To Think About War and Peace*)는 공동체 통일의 원초적이고 거의 유일한 기반을 정부로 간주하는 학파의 전형을 보여주고 있다.

두고 있었다. 예를 들어서 홀랜드의 오라녀 가문(House of Orange)의 위신은 네덜란드가 스페인으로부터 해방된 역사와 밀접한 관련이 있다. 드물지 않게 한 국가 공동체의 근원 혹은 그 집합적 자의식의 뿌리는 공동의 적(敵)과 직면한 경험에 의해 주어진다. 적과의 직면을 통해서 공동의 자의식에 도달하게 되는 이런 경험은 국가 공동체들의 설립에서 특별하게 수행되는 역할의 아주 중요한 상징이다. 한 공동체를 다른 공동체들로부터 구분해주는 지리적 한계와 민족적·문화적 독특성 그리고 일반적으로 공동의 적과 마주치는 가운데 구체화되는 동료애를 포함하는 공동의 역사 등 이 모든 것이 공동체들의 결속에 이바지한다. 정부들은 이렇게 성취된 통일성을 표현하고 완수하기 위해 발전시킨다. 하지만 이런 것은 정부들이 전제하는 것이지 창조해내는 것이 아니다.

미국은 국제정치이론에서 순수 입헌주의자들을 아주 많이 배출했다. 그 이유 중의 하나는 국가가 순전히 입헌적인 인가와 협약에 의해서 만들어졌다는 환상이 미국의 역사에 의해 조장되고 있기 때문이다. 하지만 이것은 환상이다. 왜냐하면 입헌은 한 제국주의적 지배자에 대한 공동의 저항으로 시작되었던 역사적 과정의 시작이 아니라 끝이었기 때문이다. 별개로 분리되어 있던 식민지 독립체들이 이 저항 속에서 점차로 하나의 단일한 공동체로 연합했다. 그 과정에서 워싱턴이라는 한 군사 지도자가 출현했다. 그의 위신은 한 연합 국가를 위한 집결지점으로서 헤아릴 수 없을 정도로 중요했다. 대부분의 근대 국가들은 미합중국만큼 뚜렷한 입헌적 시초를 가지고 있지 않다. 따라서 미합중국의 역사에서마저도 그 실제 시작은 보통 생각하는 것보다 더욱 유기적이며, 덜 입헌적이라는 사실은 매우 중요하다.

근대의 국가들과 제국들이 그들의 지배력을 확장시킬 수 있었으며, 통일의 원(原) 기반과 명백한 관련성을 갖지 않은 많은 다양한 공동체들을 그들의 원(原) 공동체 안으로 포함시킬 수 있었다는 사실은 부정될 수 없다. 이 정책이 항상 성공한 것은 아니다. 대영제국의 경우에 스코틀랜드와 웨일즈가 포괄적인 통일체로 합병될 수 있었지만, 아일랜드는 그렇지 않았다. 하지만 이 정책이 성공적이라고 해도, 세계 정부가 끝내 수립될 때까지 이 과정이 무한히 확장될 수 있다고 이상주의자들이 생각하는 것은 틀린 것이다. 그들은 어떤 특정하고 제한적이며 독특한 역사적 생동성과 경험이 공동체의 원(原) 핵심부와 그 정부의 원(原) 위신과 권위를 창출한다는 사실을 파악하지 못하고 있다. 또한 한 선진 공동체가 매우 복잡하고 정교한 형태를 갖추었다고 하더라도, 그 결속과 그 정부의 권위를 위해서 계속해서 부분적으로 이 힘에 의존한다는 사실을 파악하지 못하고 있다.

이것이 바로 한 특수한 공동체가 보편적인 공동체로 옮겨가는 것이 일반적으로 생각하는 것보다 어려운 과정이 되는 이유이다. 이것은 인류 역사에 점점 더 큰 공동체들을 발전시켜갔던 족적을 남겼던 과정들과 단지 정도의 차이만 있는 것이 아니다. 이 과정은 그 종류에서 다르다. 이것은 사실상 확실히 다르다. 우리는 이것이 역사의 가능성들 안에 있는 과정이라는 것을 확신할 수 없다는 점에서 그렇다. 만약 이것이 가능성들 안에 있다면, 오로지 절실한 필요성이 이것을 그렇게 만든다. 그렇지만 우리는 그렇게 불가능한 것이면서도 그렇게 필요한 것을 성취하기 위해서는 비극적인 역사의 시기들이 요구될 것이라는 것을 확실히 말할 수 있을 것이다.

한 공동체가 그 생존의 구조에서 결속력에 의해 더 적게 결합되어 있을수록, 그 공동체는 권력에 의해서 상대적으로 더 많이 결합되어있음에 틀림없다는 것은 자명한 것으로 간주될 수 있을 것이다. 이 사실은 다음과 같이 침울한 결론으로 이끈다. 즉, 이런 내적 결속력이 결여되어 있는 국제 공동체는, 정의의 필요성과 양립될 수 있는 것보다 더 큰 정도의 결속력을 통해 그 첫 번째 통일성을 발견해야 한다. 질서는 정의의 대가를 치르고서 얻어야 할 것이다. 물론 너무 많은 정의의 대가가 질서의 필요를 위해 치러진다면 그 질서를 존속시키는 것은 너무 성가신 일로 입증될 것이라는 것은 매우 분명하다. 다가올 오랜 시간 동안 국제 공동체는 내적 결속의 요소들을 거의 가지지 못할 것이며, 공동의 문화나 전통의 통합으로부터 오는 이익도 거의 가지지 못할 것이다. 국제 공동체는 단지 다음과 같은 두 가지 최소한의 결속력만을 갖게 될 것이다. 그 하나는 도덕적 이상들에 담긴 보편성의 공통된 함축이며, 다른 하나는 무정부 상태에 대한 두려움이다. 무정부 상태에 대한 두려움이 의심할 여지없이 이 둘 중에서 더욱 강한 결속력이 될 것이다. 하지만 이 두려움은 확실히 공동의 구체적인 적(敵)에 대한 두려움만큼 강력하지 않다.

하지만 우리가 순수 입헌주의자들이 완전히 고찰하지 못했던 이전의 다른 문제와 직면하면서, 우세한 세력을 통한 세계통일의 위험성을 추정하려고 하는 것은 쓸데없는 일이다. 빛의 자녀들이 제시한 대부분의 입헌적 세계질서의 계획들은, 국가들이 새로운 국제적 권위를 위하여 자신들의 주권을 축소시키는 것이 상당히 손쉬운 일이 될 것이라고 가정한다. 그 계획들은 하나의 가능한 세계의 입헌조약을 통해서 권위적인 당국이 설치되고, 또한 국가들이 자신들의 이해관계를 이 새로운 주권에 복종시키도록 요청받게 될 것이라고 생각한다. 이런 희망은 부르주아 사상 특유의 정부에 대한 "사회계약" 이론을 세계 공동체의 규모로 투영한 것이다. 우리는 앞에서 이 이론의 기저를 이루는 과도한 주의주의(主意主義)의 잘못을 고찰했다. 이 주의주의는 인간의 의지에, 특히 사람들의 집단적 의지에 너무 많은 힘을 부여한다. 이것은 다음과 같은 바울의 고백의 적절성을 이해하지 못한다. "의지는 내게 있으나 선을 행하는 것은 없노라."[3]

지난 십 년간의 역사는 이 고백이 참이라는 것을 슬프지만 반박할 수 없게 입증하고 있다. 특히 국가들의 행위들과 동기들에서 그러했다. 모든 문명국가들은 고통 받는 사람들을 돕는 일에 대해서 강한 바람을 드러냈는데, 그 바람은 그들이 그에 따라서 실행할 수 있는 능력보다 훨씬 강한 바람이었다. 이 "의지의 결함"은 국가들이 자신들의 주권을 축소시켜야 한다는 확신과 국

3) 로마서 7:18

가들이 깔끔한 포기의 행위로 해야 할 일을 하는 능력 사이에 놓여있다. 국가적 오만의 모든 충동이 개입하여 결국 바랐던 행위 혹은 적어도 바람직한 행위를 막는다.[4)]

국가들이 자신들의 권력을 단념할 수 없으며, 명시적인 행위로 자신들의 자유를 제한할 수 없다는 사실은 통합을 향한 역사의 과정들이 순수 입헌주의자들의 이론에서 예상하는 것보다 복잡다단하다는 것을 의미한다. 현재는 효과적인 권력을 강대국들의 손으로 집중화시키는 역사의 힘들에 의해 약소국들이 어쩔 수 없이 주권을 축소시켜가고 있다. 하지만 이런 발전은 강대국들의 권력을 약화시키는 것이 아니라 오히려 두드러지게 만든다. 다가오는 수십 년간의 국제정치는 약소국들 사이에서의 반항을 막을 수 있을 강대국들에 의해 지배될 것이다. 하지만 강대국들이 자신들의 의지들을 꺾거나 바꾸기에 충분할 정도로 자신들의 힘 위에 존립하는 어떤 권위도 가지고 있지 않을 것이기 때문에, 강대국들 상호 간에 평화를 유지하는 일에 어려움을 가질 것이다. 더욱이 강대국은 더욱 강력해져서 일방적인 안보의 체계들을 만들어낼 것이다. 이것은 평화의 보존에 적절하지 않지만 그들 자

---

4) 국제적 관계에서 일어난 최근의 안 좋은 일이 국가들의 윤리에 대한 흥미로운 정보를 제공한다. 영국의 장관인 올리버 리틀턴(Oliver Lyttleton)은 우리에게 찬사를 바치기를 원하는 마음으로 이렇게 선언했다. 일본의 공격이 우리가 전쟁에 돌입할 수밖에 없도록 만든 것이 아니다. 왜냐하면 우리가 공격의 피해자들의 문제에 대한 우리의 비중립적인 관심으로 그 공격을 실제로 도발했었기 때문이라는 것이다. 이 찬사는 미국에서 광범위한 원망을 불러일으켰다. 왜냐하면 이것은 우리가 공격을 받았고, 우리의 이익이 위태롭게 되었기 때문에 우리가 전쟁에 연루되었다고 하는 공식적인 해석에 대한 도전이었기 때문이다. 근대국가는 자기 이익의 이유가 아닌 다른 이유로 전쟁에 감히 돌입하지 않으며, 자기 이익의 동기보다 더욱 높은 동기들에 의해 동기부여가 되었다고 선언하지 않고서는 전쟁을 실행할 수 없다. 영국 장관은 이런 세부적인 문제들을 정당하게 다루지 못했다.

신의 보호에 적절한 것으로 보일 것이다.

다가오는 수십 년 내에 어떤 형태의 통합이 이루어진다면, 그것은 권력의 병합과 강대국들 사이의 국제 공동체의 중심부의 발전에 의해 이루어질 것임에 틀림없다. 세계 분쟁에서 펼치는 그들의 공동의 노력이 주권의 암묵적인 축소로 귀결되는 한, 전지구적인 전쟁에서 승리하는 세계 동맹이 세계 공동체의 잠재적인 중심부로 간주될 수 있을 것이다. 하지만 전쟁이 끝난 후에 이 잠재적인 중심부가 실현될 것인지는 확실하지 않다. 상호 합의 속에 암시된 주권의 축소들은 전쟁의 필요성에 의해서 그리고 공동의 적을 패배시킬 목적으로 성취되는데, 공동의 적에 대한 두려움이 상호 합의의 일차적인 동기로 남아 있는 한 이런 주권의 축소는 지속되지 않는다. 의심의 여지없이 강대국들 사이에는 국제적인 무정부 상태의 위험에 대한 일반적인 인식이 있다. 그리고 이런 인식은 전시에 이루어진 합의를 보존하는 데 기여할 것이다. 하지만 무정부 상태에 대한 두려움이 구체적인 적에 대한 두려움보다 잠재력이 약하기 때문에 전시에 맺어진 합의가 강화되기보다는 약화되는 것이 일반적인 경향이 될 것이다. 강대국들 사이의 주권이 하나의 단일한 권위로 합병될 가능성은 확실히 매우 희박한 것으로 간주될 것이다. 많은 근대의 국가들과 고대의 국가들이 (영국과 러시아를 포함해서) 국가적 통일을 이루었던 것은 오로지 외국의 정복자가 초기 통일의 핵심을 중첩시켜 놓았기 때문이라는 것을 기억한다면, 세계 통일을 향한 더욱 역사적이고 유기적인 발전은 순수 입헌주의적 발전의 경우만큼이나 거의 동일하게 어려운 일이라는 것이 이해될 것이다. 왜냐하면 다양하고 경쟁적인 국가 세력들 위에 첫 번째 형태의 통일을 부과할 수 있을 정도로 거대하고 선한 권력과 공동체의 단일적 중심부가 세계에 없기 때문이다. 서너 개의 거대 중심들이 있기는 하지만, 그 중심들 상호 간에 강력한 합의가 이루어지는 것은 쉽지 않을 것이다. 만약 그들의 그런 시도가 실패한다면 그 실패는 계속된 세계적 갈등으로 귀결될 것이며 갈등의 단위는 점점 커질 것이며 더욱 날카롭게 경계를 형성할 것이다.

III

이런 모든 어려움들이 충분히 분명해지면서, 우리 시대가 직면한 전지구적 과제에 대한 이상주의적 해석들뿐만 아니라 현실주의적 해석들의 출현이 촉발되었다. 미국은 세계의 질서를 위해서 현실주의적 계획들보다는 이상주의적 계획들을 더 많이 산출했던 것에 반해서, 현실주의적 접근은 영국과 미국 양쪽에서 시도되었다. 이런 현실주의적 접근들은 종종 냉소주의의 심연(深淵)에 가깝고, 이상주의적 접근들은 감상주의의 연무(煙霧)에 가깝다는 것은 인류의 정신적 문제를 보여주고 있다.

국제적 사상의 현실주의 학파는 세계정치가 세력균형의 원리 그 이상이 될 수 없다고 믿는다. 세계정치의 세력균형 이론은[5] 국가들의 순수한 통일의 가능성을 생각하지 않는다. 대신에 이 이론은 세계적 차원에서 세력균형을 유지시키기에 가장 적절하게 가능한 기재를 구축하려고 노력한다. 세계적 상황의 모든 요소를 가장 완벽하게 가능한 균형으로 유지하려는 그런 정책은 의심의 여지없이 무정부 상태를 완화시킬 수 있다. 세력균형은 사실상 관리되고 있는 무정부 상태의 일종이다. 하지만 한 체계 안에서 무정부 상태는 언제나 끝내 관리 상태를 극복한다. 이런 결점에도 불구하고 세력균형 정책은 이상주의자들이 생각하는 것처럼 그렇게 대단히 잘못된 정책이 아니다. 왜냐하면 가장 완벽하게 조직된 사회조차도 그 조직 하부에 있는 생동성들과 힘들의 적절한 균형을 추구해야 하기 때문이다. 만약 이렇게 되지 않으면 권력의 강한 불균형이 발전되어 간다. 그리고 권력이 과도한 곳에서는 항상 부정의(不正義)가 그 결과로 발생한다. 하지만 정부가 조직화시키고 균형을 잡는 세력을 가지지 않은 상태에서 이루어지는 권력의 균형은 잠재적 무정부 상태이며, 그것은 결국 현실적 무정부 상태가 된다.

세력균형 체계는 그 결점에도 불구하고 현재 정책들의 실제적인 귀결이 될 수 있다. 세계평화는 앞으로 몇십 년간 세 강대국

---

5) 니콜라스 스파이크먼의 『미국의 세계정치 전략』(Nicholas Spykman, *America's Strategy in World Politics*)은 국제관계에서의 세력균형 정책을 가장 탁월하게 드러내고 있다. 스파이크먼은 영국보다는 미국이 미래에 균형유지를 조절해야 한다고 믿는다. 왜냐하면 균형을 이루어야 할 주요 세력들이 자신의 존재를 표출하는 영역으로 드러난 것은 유럽이 아니라 세계이기 때문이라는 것이다.

인 미국, 러시아, 영국 사이의 쉽지 않은 균형에 의해서 위태롭고도 잠정적으로 유지될 수 있을 것이다. 육군 원수 스무츠(Smuts)는 영국이 우호적인 유럽 대륙 국가들을 영연방으로 포함시켜서 영국의 입지를 강화시켜야 한다고 제안했는데, 이 제안은 그런 발전을 전제하고 있으며, 또한 당연히 영국의 입지를 강화시켜서 잠재적으로 더욱 강한 미국과 러시아의 동맹들과 더욱 동등한 균형을 맞출 수 있게 되기를 희망하고 있다.

강대국들 사이의 균형이 현재 정책들의 실제적인 귀결일 수는 있다고 해도, 그런 체계의 비운을 예상하는 것은 매우 쉬운 일이다. 균형에 참여하지 않은 당사자는 자신의 입지에 대해 언제나 상당히 만족한다. 모든 권력의 중심부는 자신의 입지를 향상시키기를 갈구할 것이다. 그러면 다른 세력들은 그런 모든 노력이 균형을 흩뜨리는 시도라고 여길 것이다. 강대국들이 거창한 공동의 노력에 긴밀하게 결부되어 있는 동안이라고 하더라도 강대국들 사이의 불신은 적지 않다. 따라서 강대국들 사이의 단순한 균형이 평화를 유지하는데 충분하지 않을 것이라는 점은 확실하다.

따라서 세계 공동체의 문제에 대한 순수 현실주의적 접근은 순수 이상주의적 접근과 마찬가지로 무정부 상태로부터의 벗어남에 대한 희망을 거의 제공하지 않는다. 어둠의 자녀들의 지혜의 일부를 빌려오는 것이 빛의 자녀들에게 분명히 필요하게 되었다. 하지만 너무 많이 빌려오지 않도록 주의해야 한다. 순수 이상주의자들은 광범위한 공동체의 달성에 반대하는 대항적 힘으로 작동하는, 특수하고 지역적인 충성심의 항구적인 세력을 과소평가하고 있다. 하지만 현실주의자들은 대개 이런 항구적인 세력들의 힘에 매우 깊은 감명을 받아 있어서, 혁명적인 세계 상황에서 이전에 볼 수 없던 새롭고 독특한 요소들을 인식하지 못했다. 이상주의자들은 새로운 상황이 자동적으로 그 문제의 해결을 위한 자원들을 만들어낼 것이라고 잘못 생각하고 있다. 현실주의자들은 혁명적 상황의 창조적인 힘뿐만 아니라 파괴적인 힘까지도 무시하고 있는데, 이것은 잘못이다. 역사의 대참사의 시대가 그 문제의 해결에 필요한 모든 자원들을 창조해낼 수는 없다. 하지만 그 시대는 결국 거짓 해결책들의 일부를 파괴하고, 타성에 젖어서 진보를 막고 있는 장애물들의 일부를 파괴한다. 이상주의자들이나 현실주의자들의 견해보다 냉철한 견해가 우리를 이렇게 설득할 것이다.

"희망은 잘 속는 사람의 것이고
두려움은 거짓말 하는 사람의 것이다."

IV

세계의 상황에 대한 냉철한 접근은 세계의 통일을 위한 첫 기초가 강대국들 사이의 안정적인 합의 안에 놓여야 한다는 가정으로 시작해야 한다. 그런 합의를 달성하는 것이 불가능할지도 모른다. 설령 달성된다고 해도 그것은 아마도 지역적인 협의의 성격이 될 것이다. 강대국 각자를 위한 일방적인 안보의 정책은 교묘하게 상호 간의 안보라는 보다 넓은 체계와 결합될 것이다. 우리는 아마도 다가오는 몇 년 동안은 강대국들 사이의 협정이 상호 안보의 순수한 체계가 될지 아니면 그것이 단지 세계를 영향권들로 분할하는 정책을 위한 허울이 될지의 여부를 알지 못할 것이다. 현재의 정책들이 아니라 차후에 일어나는 사건들에 의해 최종적인 결과가 결정될 것이다.

하여튼 오로지 강대국들의 우세한 힘만이 최소한의 세계 질서를 위한 권위의 적절한 핵심이 될 수 있다는 것은 확실히 분명하다. 세계 공동체의 생동성들은 너무나도 다양하고, 문화적·민족적 힘들은 너무나도 이질적이며, 공동의 전통과 경험의 요소들은 너무나도 적기 때문에 세계 질서의 첫 기초가 되는, 우세한 집단적인 권력을 설립하는 정책을 우리가 포기할 수 없게 만든다.

강대국들의 단순한 동맹은 물론 끔찍한 제국주의로 퇴락할 것이다. 권력의 중심부에 어떤 종류의 감시가 가해질 수 있는지에 대한 즉각적인 고찰 없이 그런 정책을 선전하는 정치적 현실주의는 어둠의 자녀들의 지혜를 너무나도 완벽하게 수용하는 일이 될 것이다. 그리고 그것은 어둠의 일들을 낳는 결과를 초래할 것이다. 실제 상황은 이렇다. 공동체의 첫 번째 과제는 혼란을 진정시키고 질서를 창출하는 것이다. 그러나 두 번째 과제도 동일하게 중요하며, 그것이 첫 번째 과제 안에 함축되어 있어야 한다. 그 과제는 초기의 통일을 달성하는데 기여했던 권력이 독재적으로 되는 것을 막는 것이다.

조직화하는 권력이 도덕적인 감시와 입헌적인 감시 아래에 놓여있다면 질서의 영역에 정의가 도입된다. 어떤 형태의 규제라도 강대국들의 동맹이라는 시작 단계의 세계 정부에 쉽사리 부과되지 않는다. 하지만 양자의 경우 모두가 완전히 역사적 가능성의 영역 밖에 있는 것은 아니다.

세계 공동체의 핵심부를 제공해야 할 강대국들의 권력에 대한 입헌적 감시의 부여 가능성은 다음과 같은 사실에 근거하고 있다. 강대국들이 세계의 조직화 계획을 자신들의 협정들에 구현시키지 않는다면, 강대국들이 상호간의 안정적인 합의에 도달하는 것이 불가능하다는 것을 발견하게 될 것이기 때문이다. 대륙들, 특히 유럽과 아시아가 그 강대국들 사이에 놓여있다. 이 대륙들의 주권들은 훼손되어 있고 경제적 삶은 혼란 상태에 있다. 이 대륙들에서 계속되는 혼란은 강대국들 사이의 불화의 씨앗이 될 것이다. 왜냐하면 그 혼란은 각 강대국이 자신의 영향력을 확장시키도록 유혹할 것이기 때문이다. 강대국들의 틈바구니에 있는 세계는 너무 복잡해서 강대국들 사이의 단순한 우호관계를 불가능하게 만든다. 강대국들의 즉각적인 이해관계를 넘어서고, 또한 약소국들이 우호관계를 불가피하게 맺도록 만드는 신중한 계획들이라야 충분할 것이다. 하지만 그런 계획들은 불가피하게 약소국들에게 그 나라들의 권리를 보호해주고, 그 나라들이 소유하고 있는 권력을 행사하게 하는 입헌적인 도구들을 제공할 것이다. 이런 식으로 입헌적인 원리들이 더욱 유기적인 역사의 과정들 안으로 불가피하게 도입될 것이며, 그 과정들에 필요불가결하게 될 것이다.

우리는 정의에 대한 호소만으로 강대국들을 설득해서 강대국들의 권위에 대한 입헌적인 통제들이 발전해가도록 할 수 있게 되리라고 생각할 수 없다. 국가들, 특히 강대국들은 대개 매우 오만하기 때문에 자신들의 권력이 다른 국가들에게 위험이 될 수 있으리라는 것을 이해하지 못한다. 강대국들의 권력에 대한 적어도 유사(類似) 입헌적 통제의 체계를 발전시키려는 현실적인 희망은 다음과 같은 사실에 놓여 있다. 강대국들이 자신들의 권력이 우세해진 국제적 삶의 전체 영역을 다루지 않고서는 강대국 상호 간의 이슈들에 접근할 수 없으며, 또한 약소국들을 자신들의 협정 안으로 끌어들여오지 않고서는 이런 이슈들을 해결할 수 없다는 사실이다.

유럽이나 아시아에서의 혼란은 강대국들의 최종적인 갈등을 촉발시킬 수 있을 것이다. 각 강대국들은 그 혼란을 수습하고자 추구할 것이기 때문이다. 이때 한 강대국이 혼란을 수습하는 일을 실패하면 다른 강대국들의 중의 하나가 그 수습을 통해서 자신의 위신을 증가시킬 것이라는 두려움도 한몫 한다. 세계를 몇 개의 영향권으로 나누기로 강대국들이 협정을 맺었다고 해도, 그 영향권 안에서 각 강대국이 자신에게 가장 인접한 지역을 홀로 조직화하도록 놓아둔다면, 그런 협정은 상호 간의 의심을 단지 완화시키고, 최종적인 갈등을 단지 가볍게 연장시키는 것에 불과하다. 왜냐하면 영향권의 경계획정이 대륙들의 모든 지역들에 해당되지는 않을 것이며, 그들의 경제적·정치적 삶에 무난한 건강성을 제공하지도 않을 것이기 때문이다.

물론 이런 위험들에도 불구하고 강대국들이 유의미한 협정에 도달하는 것에 실패하고, 또한 대륙들의 분할이 그 실패의 전조가 될 가능성이 있다. 이 경우에 세계는 - 거대 제국주의의 위험이 아니라 - 무정부 상태의 위험을 다시 한 번 겪을 것이다. 하지만 세계 분할 정책의 사악함은 매우 명백하기에, 더욱 근본적이고 지속적인 합의를 달성하기 위해 진지한 노력이 기울여질 것이라는 희망을 우리는 당연히 가진다. 정의에 대한 최상의 희망은 질서를 제공해야 하는 협정들에 정의의 수단들이 도입되지 않고서는 안정적인 질서가 가능하지 않다는 사실에 있다.

국가적 문제들을 다루었던 아브라함 링컨의 경험은 국제정치에서 질서와 정의의 상대적인 중요성에 대한 훌륭한 가르침을 우리에게 줄 것이다. 국가 내에서의 시민 갈등에 직면한 링컨은 "나의 일차적인 목적은 연방을 구하는 것이다"고 선언했다. 마찬가지로 우리의 일차적인 목적은 연방을 창출하는 것이어야 한다. 하지만 링컨이 연방을 "반쪽은 노예 상태로 반쪽은 자유 상태로" 구할 준비가 되었음에도 불구하고 이렇게 할 수 없다는 것이 명백하게 되었다는 것은 의미심장하다. 연방은 오직 노예제도를 철폐함으로써 구해질 수 있었다. 이것은 정부의 전략에서 질서가 정의보다 앞서지만, 정의를 함축하는 질서만이 안정적인 평화를 달성할 수 있다는 사실에 대한 좋은 상징이다. 정의롭지 못한 질서는 금방 분개와 반항을 불러오며, 결국 그 질서는 무효화되고 만다.

V

정치적 전략들은 인간과 국가들의 이기주의에 대한 외적이고 사회적인 통제를 다룬다. 그리고 인간 생동성의 개인적 혹은 집단적인 표현이 그런 통제를 필요 없게 할 정도로 결코 충분히 도덕적이지 않다. 그럼에도 불구하고 인간의 야망에 대한 어떤 내적인 도덕적 통제가 효과를 발휘하지 않는다면, 외적인 통제들로는 불충분하다는 것도 역시 옳다. 일관되게 이기적인 개인들은 사회질서의 보존을 위해서 독재적인 정부를 필요로 하게 만들 것이다. 다행히도 개인들이 일관되게 이기적이지는 않다. 따라서 토마스 홉스의 절대주의가 아니라 민주적인 정부가 국가적 삶에서 하나의 가능성을 입증했다. 국가들은 개인들보다 더욱 일관되게 이기적이다. 하지만 인간의 집단적인 행위마저도 어떤 내적인 도덕적 통제 아래에 있다. 그리고 세계 평화는 이런 통제들이 강화될 것을 요구한다.

패권을 장악한 강대국들의 권력에 부과될 수 있는 입헌적 통제들이 완전히 충분하지는 않을 것이기에, 그들의 권력에 가능한 한 가장 강력한 도덕적 제한을 가하는 것이 특히 중요하다.

중국이 잠재적으로 강대국들 중의 하나이지만 아직 현실적으로는 아니기 때문에, 세계 평화는 특별히 다른 세 강대국들, 영국, 러시아, 미국의 정책들에 달려있을 것이다. 이 세 강대국들 중에서 러시아가 자신의 권력 의지에 대한 내적인 도덕적 통제를 설치하는 일에 가장 큰 어려움을 가질 것이다. 이것은 러시아가 공산주의나 유물론적이라는 이유에서가 아니다. 오히려 그 이유는 러시아가 자기비판을 어렵게 만들고 독선주의를 불가피하게 만드는 단순한 종교와 문화의 영향을 받고 있기 때문이다. 러시아의 신조는 자본주의적 권력들의 의도들이 악하다고 생각하며, 혁명이라는 다른 편에 서있는 국가가 무고하며 선하다고 생각한다. 이런 가정으로부터 흘러나오는 순박한 독선주의는, 러시아의 책임이라고 말해지는 현실적인 혹은 상상적인 악들보다 국가들 간의 상호 합의에 더욱 위험하다. 다른 나라들과 달리 러시아에서는 민감한 소수자들이 국가의 양심으로 활동할 수 있게 하거나, 또 국가의 행동들과 가식들이 비판의 대상이 되게 할 수 있는 민주적인 기구들이 없기 때문에 독선주의의 경향성이 강화되었다.

이른바 민주적이고 "그리스도교적인" 국가들은 자기비판을 원칙적으로 요구하는 문화를 가지고 있으며, 자기비판을 실천가능하게 만드는 기구들을 가지고 있다. 하지만 우리는 어떤 근대 국가라도 쉽게 높은 겸손의 덕을 달성할 수 있다고, 혹은 국가의 권력욕에 대한 도덕적 통제를 확립할 수 있다고 생각해서는 안된다. 이점에서 영국은 확실히 미국에 비해서 두 가지 이유에서 유리한 점을 가지고 있다. 영국의 국가적 이해관계는 미국의 경우보다 국제적 이해관계에 더욱 일치한다. 왜냐하면 영국이 미국보다 생존을 위해서 세계의 안전을 더욱 절실히 필요로 하기 때문이다. 둘째로 영국은 세계 문제에서 권력을 행사함에 있어서 미국보다 더욱 긴 역사를 가지고 있다. 이 경험을 통해서 영국은 영국에 대한 비판가들이 생각하는 것보다 훨씬 큰 규모에서 영국의 권력 충동에 대한 비판적인 제한을 실행하는 것을 배웠다. 영국에 대한 비판가들은 어떤 한 국가 공동체에 대한 도덕적·정치적 개입에 생기기 마련인 독선주의의 불가피한 분위기에 주목했다. 영국의 무비판적인 제국 수호자들이 생각하는 것만큼 제국이 그렇게 순수한 도덕적 책임감의 표현이 아니다. 하지만 또한 제국이 영국의 제국주의에 대한 비판가들이 믿는 것처럼 그렇게 단순히 지배 충동의 표현도 아니다. 위선과 가식은 도덕과 정치 사이의 개입에 불가피하게 수반되는 것들이다. 하지만 정치의 권력 충동을 양심의 통제 아래에 놓으려는 시도가 없는 곳에서는 위선과 가식도 일어나지 않는다. 완전히 통제권 아래로 놓이게 되었다고 하는 가식은 도덕적 시도의 위선적 부산물이다.

영국 정치에 대한 미국의 노골적인 비판은 그 자체로 우리 자신의 도덕적 문제의 노출이다. 미국은 영국보다 잠재적으로 더욱 강력하다. 하지만 미국은 자신의 권력에 대한 도덕적 양심을 거의 가지고 있지 않다. 그 결과 미국은 완전한 무책임의 분위기와 냉소주의의 분위기 사이에서 오락가락한다. 한 쪽 분위기에서는 미국이 권력의 책임성을 부인하려 한다. 권력의 타락을 두려워하기 때문이다. 다른 쪽의 분위기에서는 미국이 권력의 미숙한 오만을 노출하면서 권력의 책임성에 대한 냉소적 무시를 드러낸다.

이런 분위기들은 정치적·도덕적 성숙함이 결여되어 있다는 표식이다. 이런 분위기들은 몇몇 입헌적 어려움들과 더불어서 미국의 해외 정책에 대한 예측불가능성의 원인이기도 하다. 만약 미국이 성숙함에 도달한다면, 그 첫 번째 표식은 국가들의 세계 공동체에서 지속적인 책임성을 취하는 의지로 드러나야 한다. 우리는 우리 자신의 권력 충동들에 대해 비판적인 태도를 견지하기를 노력해야 한다. 그리고 강대한 권력의 소유는 어떤 국가에 대해 부정의(不正義)를 실행할 유혹이 된다는 사실에 대한 겸손한 인식이 우리의 자기비판에 받아들여져야 한다. 권력을 행사함에 있어서 상대적인 결백이나 무경험이 미덕을 보장해주는 것은 아니다. 그것은 반대로 미덕의 성취에 대한 위험 요소이다. 다른 한편으로 권력의 소유는 회피하지 말아야 할 책임들을 만들어낸다. 어느 정도의 이기적인 오염이 없이 그 책임들은 성취될 수 없다는 것이 인정된다고 하더라도 그렇다.

정치의 영역에는 순수 도덕주의자들의 처방이 별로 도움이 되지 않는다. 그리고 국제정치의 영역은 특히 지나치게 단순한 이상주의의 접근을 허용하지 않는 복잡성들로 채워져 있다. 다른 한편으로 국제정치의 현실들에 대한 단순한 파악에서 쉽게 도출되는 도덕적 비관주의와 패배주의는 훨씬 더 해롭다. 세계 공동체는 다음과 같은 사실을 이해할 정도로 충분히 성숙하고 건강한 사람들과 국가들에 의해 세워질 것이다. 즉, 정치적 정의의 성취는 자신을 유혹하고 제어하는 사적 이익의 잔류물을 파괴하고 제어할 때 그리고 사적 이익과 공공복지 간에 형성되는 극심한 경쟁관계를 인지할 때 가능하다. 이런 이해를 가진 사람들과 국가들도 역시, 제어되는 사적 이익의 세력들이 항상 자신들의 적이나 경쟁자의 것만이 아니라는 사실을 이해할 정도로 충분히 겸손해야 한다. 자신은 싸움의 현장을 초월해 있다고 잘못 상상하고 있는 이상주의자의 이익들을 포함해서 개인적 혹은 집단적 자아의 사적 이익 세력들이 종종 제어되어야 할 대상이기도 하다.

모든 정치적·도덕적 분투가 성취되기도 하고 좌절되기도 한다. 따라서 세계 공동체 수립의 과제에는 좌절에 의해 너무 쉽게 파괴되지 않는 믿음이 요구된다. 그런 믿음은 역사의 도덕적 모호성들을 이해해야 한다. 하지만 그것들을 단순히 우발적 사건으로 바라보거나, 이 사람 혹은 저 국가의 악의의 결과로 바라보아서는 안 된다. 그것들은 인간의 역사적 실존의 영속적인 특징들이라고 이해해야 한다. 국제관계의 영역에서 그런 도덕적 모호성들의 출현은 다른 어떤 영역에서보다 생생하다. 왜냐하면 인간의 역사적 문제들의 모든 관점은 더욱 큰 영역에서 더욱 생생하고 뚜렷하게 나타나기 때문이다.

세계 공동체 수립의 과제는 인간의 최종적 필요성과 가능성이지만 또한 인간의 최종적 불가능성이다. 그것은 하나의 필요성이며 가능성이다. 왜냐하면 역사는 인간의 자유가 자연적 과정을 넘어서 보편성이 도달되는 지점까지 확장되게 하는 과정이기 때문이다. 그것은 또한 하나의 불가능성이다. 왜냐하면 인간은 그의 자유의 증가에도 불구하고 유한한 피조물로서 시간과 장소에 매어있으며, 특정하고 시간적으로 제한된 장소에 토대를 두지 않은 문화나 문명의 어떤 구조도 만들어낼 수 없기 때문이다.

따라서 인간 삶의 최종적 가능성이자 불가능성으로 자리하고 있는 세계 공동체는 실제로 인간 희망의 끊임없는 성취이자 영구적인 과제이다.

근대의 이상주의자들은 그들이 거절했던 그리스도교 신앙의 심오함이 우리 앞에 놓인 역사적 과제에 필수불가결한 자원이라는 점을 깨닫기까지 긴 시간이 걸릴 것이다. 그리스도교 신앙의 심오함이 거절되었던 데에는 부분적으로 좋은 이유도 있었다. 그리스도교 신앙이 반(反)계몽주의로 오염되어 있었으며, 또한 파괴된 지 오래된 문명들의 문화적 전제들에 밀접하게 연관되어 있었기 때문이다. 그리스도교 신앙이 거절되었던 데에는 또한 나쁜 이유도 있었다. 근대 문화는 역사 자체가 구원을 성취하는 것으로 생각하며, 따라서 역사와 구원의 관계에 대한 더욱 심오한 해석들에 무관심했기 때문이다.

그리스도교 신앙은 인간과 역사의 의미에 대한 최종적 실마리를 그리스도에게서 발견한다. 그리스도의 선은 인간이 역사에서 성취하고 있지는 못하지만 성취해야만 하는 덕(德)이며, 동시에 인간이 이루어낸 최고의 성취에서마저도 역사에 연루되어 있는 영속적인 모순들을 이해하고 해결하는 하나님의 자비의 계시이다. 그런 믿음의 견지에서, 세계 차원에서의 공동체 창조라는 인간 역사의 궁극적인 사회적 문제를 다루는 것이 가능하다. 그리스도의 사랑이 인간 실존의 최종적 규범이라는 그리스도교 신앙의 주장은, 다른 사람들의 삶과 복지에 대한 도덕적 책임감을 표현함에 있어서 전체적인 인간 공동체 차원의 바로 문턱에서 멈추기를 거부하는 의지를 통해서 사회적으로 표현되어야 한다. 인간 삶의 최고의 성취들도 죄의 부패로 오염되어 있다는 그리스도교 신앙의 이해는 - 보다 단순한 이상주의자들을 체념케 만드는 - 세계 공동체 차원의 새로운 부패들에 대응하고 준비하는데 도움을 줄 것이다. 역사를 지탱하는 하나님의 권능은 인간 최고의 분투로도 불완전하게 남겨질 수밖에 없는 것들을 완성할 수 있으며, 또한 인간의 가장 순수한 열망에서마저도 나타나는 부패들을 정화할 수 있다. 이런 그리스도교 신앙의 희망은 우리의 역사적 과제들의 성실한 수행을 위해 필수불가결한 전제조건이다. 이런 것이 없이는 우리가 감상적 분위기나 절망적 분위기로 이리저리 끌려다닐 것이다. 다시 말해서 우리가 인간의 힘을 너무 많이 신뢰하거나, 아니면 인간 가능성들의 제한성을 발견하는 순간 삶의 의미에 대한 모든 믿음을 저버리게 될 것이다.

모든 역사적 힘들이 우리를 내몰고 있는 것으로 보이는 목표인 세계 공동체는 인류의 최종적 가능성이자 불가능성이다. 세계 공동체 달성의 과제는 모든 역사적 성취들의 파편적인 실패의 성격을 이해하는 믿음의 관점에서 해석되어야 하지만, 동시에 그 역사적 성취들의 의미를 신뢰하는 믿음의 관점에서 해석되어야 한다. 왜냐하면 그 믿음의 관점에서는 역사적 성취들의 완성이 하나님의 권능의 손 안에 있다는 것을 알고 있기 때문이다. 그리고 하나님의 자원은 인간의 것보다 위대하며, 또한 묵묵히 견디는 하나님의 사랑은 우리의 분투의 의미를 무색하게 만들지 않으면서도 인간의 성취에 결부된 타락을 극복할 수 있을 것이기 때문이다.

INDEX

ㄱ

ㄴ

ㄷ

ㄹ

ㅁ

ㅂ

ㅅ

ㅇ

ㅈ

ㅋ

ㅌ

빛의 자녀들과 어둠의 자녀들

The Children of Light and The Children of Darkness

초판 인쇄 2017년 10월 10일 | 초판 1쇄 출간 2017년 10월 20일 | 저자 라인홀드 니버 | 옮긴이 오성현 | 펴낸이 임용호 | 펴낸곳 도서출판 종문화사 | 편집 · 기획 곽인철 | 디자인 · 편집 디자인오감 | 인쇄 한영문화사 | 제본 우성제본 | 출판등록 1997년 4월 1일 제22-392 | 주소 서울시 은평구 연서로34길2 3층 | 전화 (02)735-6891 팩스 (02)735-6892 | E-mail jongmhs@hanmail.net | 값 20,000원 | ISBN 979-11-87141-29-7 93340 | 잘못된 책은 바꾸어 드립니다.